AF459166

L'AMI

DU

VOYAGEUR.

PORT DU HAVRE.

Lith. Foucher, Havre

L'AMI

DU

VOYAGEUR

Description Anecdotique et Pittoresque

DES

RIVES DE LA SEINE

DU

HAVRE A ROUEN

Par

GEORGES ZIMMER

RÉDACTEUR AU COURRIER DU HAVRE.

HAVRE

IMPRIMERIE COMMERCIALE COSTEY FRÈRES ÉDITEURS

RUE DE L'HOPITAL, Nos 4 ET 6.

—

1857.

AVANT-PROPOS.

Dans les plaines fertiles de notre belle Normandie, lorsque la faucille du moissonneur a coupé les blés mûrs, on voit parcourant les sillons quelque vieille femme, réglant ses pas tremblants sur les pas tremblants d'un enfant, quelque vieillard, autre espèce d'enfant, courbés vers la terre, scrutant attentivement, et cherchant à découvrir entre les herbes l'épi oublié par la main négligente et quelquefois bienfaisante du fermier.

Dans le champ de l'histoire, de belles moissons ont été récoltées, et cependant peut-être y a-t-il dans quelque coin une gerbe oubliée, un peu de grain pour les faibles qui n'ont pu prendre part au travail, pour les jeunes, qui sont arrivés après la moisson.

Essayons donc si nous ne pourrions pas glaner dans notre pays, si riche en souvenirs. Aussi bien, nous n'avons pas la prétention de nous poser en historien. Le voyageur qui parcourt les rives de la Seine, pendant de longues heures, la vue frappée et le cœur ému par les spectacles splendides et grandioses qui s'offrent de toutes parts, s'il n'a près de lui un ami auquel il communique et duquel il reçoive des impressions communes, ne peut qu'admirer et se taire. Et ceux qui sentent vivement ont besoin de s'épancher. Un petit livre, n'est-ce pas un ami véritable, un ami qui vous parle de tout ce que vous voulez, qui ne cherche qu'à vous plaire, un ami sincère, un ami dévoué, qui ne trahira pas les secrets que vous lui confierez, qui ne sera pas importun, toujours prêt à vous répondre lorsque vous l'interrogerez, jamais fâché lorsqu'après une bonne et longue causerie vous l'abandonnerez pour vous livrer quelques instants en liberté à ces vagues rêveries, si douces quand on rêve emporté par un bateau rapide contre le rapide courant d'un grand fleuve, entre deux rives émaillées de frais paysages, de ruines imposantes, de villes populeuses, de riches fabriques, où s'étaient à chaque pas les merveilles de la culture, des arts, de l'industrie, surpassées seulement par les merveilles de la nature.

Aussi bien, pourquoi tant s'étendre d'avance. Le bateau à vapeur est prêt. La cloche a sonné pour la troisième fois en volée ; elle fait entendre maintenant un tintement perçant. C'est le signal du départ. La vapeur n'attend personne. Malheur aux retardataires ! Embarquons-nous donc. Tâchons de nous tirer tant bien que mal de ce pêle-mêle des quais du Havre, de cette cohue de garçons d'hôtel, de commissionnaires, de bagages, de voyageurs. Confions nos malles à un matelot du bord, et hâtons-nous de choisir une bonne place, le long de la muraille du bâtiment, de la *lisse*, comme disent les matelots, d'où nous puissions tout voir ; car tout va être curieux.

Nous qui, artistes, poëtes, ou tout simplement touristes amateurs de belles choses, voulons parcourir la vieille Neustrie en remontant le cours de ce fleuve célèbre à tant de titres, si nous avions à notre disposition ce qui manque le plus souvent aux hommes de notre siècle affairé, le temps, cette monnaie dont on prodigue de si grosses sommes en billon, que rarement on en peut réunir assez pour la dépenser en billets de banque, oh ! alors, pour bien voir et pour tout voir, nous n'aurions qu'une chose à faire : ce serait de revêtir la blouse de toile du voyageur pédestre, de prendre à la main le bâton de pèlerin, sur le dos le sac garni comme celui d'un vieux troupier, et de nous mettre en route, passant là une heure, plus loin deux jours, au gré de nos caprices, dessinant une vache dans une prairie, ou dévorant à belles dents un morceau de pain bis trempé dans l'eau d'une source qui pleure sur une ruine, et le soir, demandant au nom des arts l'hospitalité dans une ferme isolée.

Mais tous, presque tous du moins, nous avons un but qui nous appelle ; tous, nous attendons avec impatience le terme de la route. On voyageait autrefois pour admirer ; on admire maintenant pour tromper les ennuis du voyage.

Prenons donc le bateau à vapeur. Il y a bien le chemin de fer, ce cheval à naseaux de feu, qui vous entraîne dans l'espace sans vous laisser conscience de votre mouvement. Mais le chemin de fer est bon pour ceux qui veulent absolument arriver avant d'être partis, pour le négociant qui va risquer sa fortune sur un coup de bourse, pour le commis-voyageur, qui le premier s'est empressé de profiter de ce mode nouveau de locomotion, sans songer que cette royauté de la voie ferrée tuait sa royauté à lui, et lui enlevait la poésie qu'il avait conservée sur les grandes routes et dans les diligences.

Nous qui, quelque pressés que nous soyons, pouvons cependant consacrer quelques instans à satisfaire des penchants artistiques innés chez tout le monde, penchants naturels que l'éducation ne donne pas, mais qu'elle ôte quelquefois hélas! nous ne voulons nullement nous engloutir dans une boîte carrée, pour nous faire transporter comme marchandises à grande vitesse, entre deux remblais de terres entassées à une hauteur qui permet à peine d'apercevoir au-dessus la cime des grands arbres, ou sous un tunnel creusé dans les profondeurs du sol, cavernes lugubres où l'air, le soleil et la lumière manquent à la fois, où l'eau suinte sur les murailles salpêtrées, où l'on respire l'épouvante et l'horreur.

Allons dons ! ce qu'il nous faut, à nous, c'est le grand air qui ouvre les idées et l'appétit, ce sont les ardents rayons d'un soleil d'été qui échauffe l'imagination ; c'est la brise qui apporte au fleuve et à la mer le tribut parfumé des vallées voisines.

Et puis, quel plaisir de braver les tempêtes, les orages, les colères de l'Océan furieux, les dangers d'une explosion, et de braver tout cela sans avoir beaucoup à craindre : des tempêtes dans un verre d'eau, des orages en miniature, des vagues toutes bénignes. Oh ! soyez tranquilles ! Si le bateau va partir, c'est qu'on a tout prévu. La mer est tranquille; un souffle de vent en ride la surface tout juste autant qu'il faut pour ne pas vous ennuyer de la monotonie d'un calme plat, et si le navire saute, ce sera un accident fort rare et fort extraordinaire; car les mécaniciens sont expérimentés, et le jeu des soupapes de sûreté est facile. Aussi, voyez comme le visage du capitaine est rayonnant, comme il consulte souvent sa montre, qui ne marque pas assez vite l'heure du départ. Saluez le bien bas, car cet homme là, c'est sur lui que reposent votre vie et celle de tous vos compagnons. Elle est en bonnes mains du reste. Vous avez peut-être choisi le joli bateau neuf la NORMANDIE. Un nom historique, le nom d'un des premiers navires qui aient navigué du Havre à Rouen, et dont nous trouverons occasion de vous parler. En tout cas, que ce soit la *Normandie* ou un de ces autres jolis vapeurs qui se construisent au moment où nous écrivons ces lignes, vous êtes certain d'y rencontrer tout le *comfort* possible. Et, devons-nous dire que c'est un défaut de notre siècle ? Quelque poëte, quelque artiste qu'on soit, on tient toujours un peu au comfort. On admire la beauté vêtue de soie, on la dédaigne vêtue de laine ; on travaille plus à l'aise sur un moelleux sofa que sur la simple chaise de paille, et, si l'on écoutait plusieurs touristes amateurs, on gratterait la façade de nos vieux monuments, de peur qu'ils n'y salissent leurs gants jaunes d'un jour à la poussière des siècles.

Nous ne disons pas, oh non ! que vous soyez dans ce cas ; mais, amis voyageurs, nous constatons un fait. Et puis nous convions tout le monde au voyage ! Honni soit qui mal y pense ! Et en route, si nous voulons profiter de l'heure de la marée.

CHAPITRE I.

LE HAVRE.

Mais, avant d'abandonner le Havre, examinons dans tous ses détails cette cité née d'hier, cadette qui, à plus d'une de ses aînées, vole son droit d'aînesse, conquête faite sur la nature par un prince qui se dédommageait ainsi et largement de l'instabilité de ses autres conquêtes. Celle-là du moins, espérons le, subsistera longtemps encore.

Nous vous dirions bien, si nous voulions faire de la science, comme quoi la mer occupait autrefois tout le terrain sur lequel la ville a été bâtie; comme quoi à mesure que cette voisine toujours affamée dévorait d'un côté la pointe de Saint-Denis-Chef-de-Caux, elle vomissait d'un autre côté une île qui s'accroissait peu à peu par des attérissements successifs, et sur laquelle s'élevèrent un beau jour quelques cabanes de pêcheurs. Nous pourrions bien vous rapporter les savantes digressions dont l'abbé Pleuvry fait précéder son *Histoire du Havre*, à seule fin de savoir si cette ville ne s'était pas bâtie sur les ruines de l'*Iccius Portus*, célèbre dans César, du *Corocotinum*, ou de Constantia Castra.

Mais qu'importe ? Est-ce que l'on retrouve au Havre de ces antiquités qui démontrent jusqu'à l'évidence l'existence d'une ville romaine ? Est-ce que tout ici n'est pas d'hier ?

Ce fut en 1516, la seconde année de son règne, que le vainqueur de Marignan voulut goûter de la gloire de fondateur. A cette fantaisie le Havre dut son existence. Faut-il croire que François Ier ait prévu dès lors à quel avenir de splendeur était appelée cette petite ville dont sa royale main semait sur un coin de terre isolé les premières maisons ? Pourquoi refuser cette gloire au Roi chevalier, à ce type si français, si fou, si spirituel, et si brave, que nous aimons tous, vrais français étourdis que nous sommes, moins parce qu'il possédait toutes nos qualités, que parce que nous avons hérité de tous ses défauts, et il faut bien le dire aussi, de tous ses vices? Nous admettrons donc que François Ier fut en ceci un grand politique. En tout cas, s'il avait de larges vues, l'avenir s'est chargé de les justifier.

Quoi qu'il en soit, la ville du Havre ne se montra guère reconnaissante, car lorsque son noble fondateur voulut de son nom l'appeler *Franciscopolis*, un vilain nom barbare quoique latin, elle préféra garder son premier nom bien simple et bien touchant de Havre-de-Grâce. Il y avait là une chapelle, dédiée à Notre-Dame, et quand les pêcheurs avaient par l'intermédiaire de cette bonne Notre-Dame échappé à un naufrage imminent, ils venaient suspendre bien dévotement quelque pauvre offrande aux pieds de la madone. Naïves croyances, qu'auront bien de la peine à remplacer les impiétés superstitieuses de notre siècle! On ne croit plus à grand'chose, et cependant, c'est bien bon la foi!

Après tout, le Havre n'avait pas tout-à-fait tort peut-être de repousser le nom de son fondateur. Il ne portait pas bonheur. Témoin ce navire énorme, qu'on appelait la *Grande-Francoise*, et qui fut construit en 1533 dans la crique de l'Eure ; vaste machine qui renfermait, dit l'abbé Pleuvri, — un jeu de paume, une forge, un moulin à vent, et un édifice de bois pour couvrir le tillac, le long des sabords, depuis un bout jusqu'à l'autre (ce qu'on appellerait aujourd'hui une dunette). Il y avait à la poupe l'image d'un phénix, pour signifier que ce navire, dans sa grandeur et ses singularités, était l'unique au monde. On voyait au milieu une fort belle chapelle de Saint-François, en laquelle on faisait l'aspersion de l'eau et la distribution du pain bénit tous les dimanches. — Ce navire, comparé à un phénix, n'a pas joui de la propriété caractéristique de cet oiseau de la fable, car il fut impossible de le faire sortir du port, et on dut le démolir sur place. A moins qu'on ne veuille, se plongeant en plein dans la mythologie, dire que le gigantesque *Vanderbilt*, ce visiteur monstrueux que le Havre a reçu ces temps derniers, est né des débris de la *Grande-Francoise*.

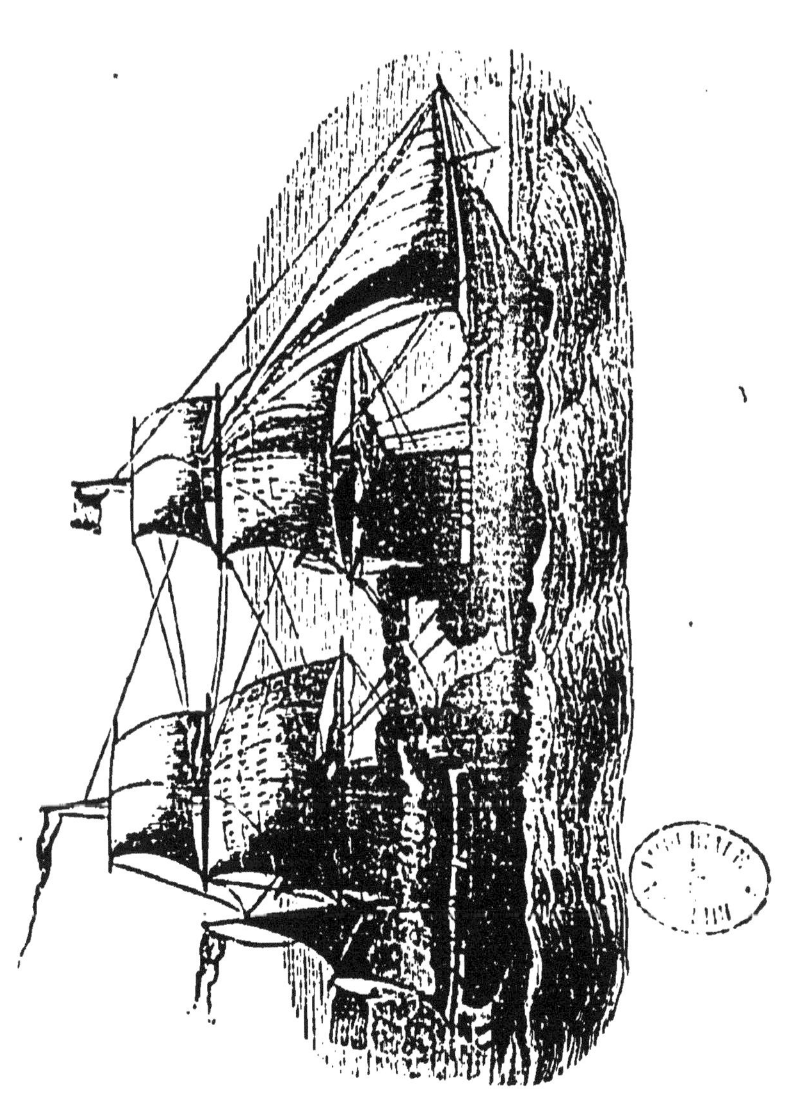

Dix ans à peine après sa naissance, le Havre fut presque détruit par une inondation terrible, fléau redoutable que les habitants baptisèrent du nom de *male marée*, ce qui n'empêchait pas la ville de s'agrandir, les églises de se construire, et le port de prendre tous les jours de l'importance. En 1545, une flotte considérable en sortait, « composée de tant de navires, grands et petits, que la mer en fut couverte jusqu'à plus d'une lieue, » et marchait contre la flotte anglaise, qu'elle faillit détruire.

En 1562, les huguenots s'emparèrent du Havre, pillèrent et brûlèrent les églises, sous la conduite de Ferrière, Vidame de Chartres. Ce dernier fit construire sur le côté sud du port, en face de la tour élevée sous François Ier, une autre tour ronde qu'on appela de son nom tour Vidame, et qui a été depuis remplacée par un brise-lames. Les protestants acceptèrent ou subirent la protection anglaise, et le Havre se trouva ainsi pour un temps sous la domination étrangère. Catherine de Médicis chargea le maréchal de Brissac de le reprendre, tâche qu'il commença avec bonheur, et qui fut achevée par le connétable de Montmorency. C'est à ce dernier que le comte de Warwick rendit la ville. Le 3 février 1569, les huguenots tentèrent de nouveau de s'en emparer ; mais cette entreprise n'eut pas de succès.

Henri III vint au Havre en 1576, et il paraît que la ville ne fut guère satisfaite des résultats de sa visite. Henri IV y vint également en 1603 ; on ne sait rien sur les circonstances de son entrée. Peu d'années auparavant, une horrible histoire s'était passée dans un des monuments du Havre, histoire sanglante que nous raconterons plus bas.

En 1628, le cardinal de Richelieu, gouverneur du Havre, fit bâtir la citadelle que l'on voit encore aujourd'hui. On peut juger, par l'état de conservation des blocs énormes de pierres mis à découvert par les travaux récents, de la solidité des constructions de cette époque. La citadelle que le ministre de Louis XIII avait fait élever, servit au ministre de Louis XIV pour y emprisonner ses ennemis. Les princes de Condé et de Conti, et le duc de Longueville, arrêtés en 1650, furent enfermés dans ses murs.

Le Havre a été bombardé deux fois par les Anglais : la première fois en 1694 ; il y eut sept maisons d'incendiées par les bombes. La deuxième fois, ce fut en 1759, vingt-huit navires parurent devant la ville armée seulement de deux mortiers, et y jetèrent 900 bombes.

Voilà pour l'historique du Havre. On le voit, ce récit n'est pas chargé d'événements. C'est que le Havre n'a jamais été une de ces villes turbulentes promptes à prendre parti dans les querelles intestines. Autrefois comme à présent, le Havre s'est toujours appliqué à étendre son commerce, et c'est en suivant ce système que la petite bourgade de pêcheurs est devenue une des reines de l'Océan, l'entrepôt général de l'Amérique.

Aussi voyez la physionomie du Havre. Quel mouvement, quel tumulte ! Point de gens oisifs : chacun va à ses affaires ; condamner un Havrais à l'inaction, ce serait inventer un atroce supplice de Tantale, compliqué de l'ennui d'une oisiveté qui, si elle peut-être agréable à deux, est incontestablement ce qu'il y a de plus insupportable à un seul.

Pour répondre à cette activité dévorante, chaque jour on exécute au Havre de nouveaux travaux. On creuse sans cesse des bassins, et à peine creusés, ils sont déjà trop petits. C'est enfin le port d'échouage, qu'on va bientôt exécuter. Ce sont les entrées nouvelles qu'il est question de faire au Nord, au Sud, partout enfin.

Aussi, la ville, qui sait combien d'étrangers va lui attirer l'accroissement de son commerce, se fait belle, la coquette ! pour les recevoir. Elle suit l'exemple de toutes les villes, qui se dépouillent de leurs vieux monuments pour se faire des rues droites et larges, comme nos cauchoises ont renoncé aux élégants bonnets et aux robes longues et droites de leurs grand'mères, pour porter de la crinoline et des petits chapeaux.

Mais il faut le dire. Le mal est moins grand au Havre que partout ailleurs. Car on obtient beaucoup, et on ne sacrifie pas grand'chose. L'esprit ne peut comprendre comment il se fait que tant de choses s'exécutent à la fois, et quel enchanteur a mis à la disposition du Havre sa baguette magique.

La ville était entourée de massifs remparts, de fossés empestés. C'est bien gênant vraiment ! Un geste, et les remparts en se renversant ont comblé les fossés. A leur place, un boulevard immense rejoint le cours Napoléon à la mer, des rues nouvelles relient à la cité deux cités voisines, qui s'y incorporent ainsi de fait comme de droit. Un Jardin public fleurit à vue d'œil ; un Hôtel-de-Ville, l'un des plus beaux de France, semble sortir de terre. Ajoutez à cela une Sous-Préfecture, une Prison, etc. Vraiment, est-ce que cela ne tient pas du prodige ?

Mais il ne faut pas que l'extase où nous plonge la vue des constructions modernes nous empêche d'examiner les monuments anciens... dont quelques-uns datent de plusieurs années à peine.

La **Tour de François Ier** d'abord, masse énorme de pierres, de 21 mètres de hauteur et de 26 de diamètre, surmontée d'une plate-forme d'où l'on découvre un vaste horizon. La Tour est construite de pierres taillées en pointe de diamant ; un peu plus haut que son milieu on distingue un bourrelet très-saillant. Cela vient de ce qu'elle a été exhaussée, depuis cette époque où les matelots de la *Grande-Francoise* avaient sauté, en passant dans le chenal, de leur navire sur la Tour. Sur la plate-forme sont établis les signaux maritimes d'après le nouveau système, et un observatoire pour les pilotes. La Tour renferme également le marégraphe et la poste maritime. Dans le bas, de vastes cachots où, selon le bruit public, on a retrouvé plus d'une fois des squelettes enchaînés aux murailles, servent aujourd'hui tout prosaïquement de magasins. En somme, la Tour n'a pas précisément un caractère bien remarquable ; mais c'est le seul monument historique que possède le Havre. Il serait bien malheureux qu'on dut le lui enlever pour creuser un bassin. Un bassin peut se reculer de 50 mètres. Nous savons bien qu'on a aussi reculé des tours ; mais nous préférerions voir celle-ci demeurer sur sa base actuelle.

L'**ancien Hôtel-de-Ville**, avec sa façade principale sur la rue de la Corderie, petite rue sale et fangeuse, avec son autre façade sur des fossés pestilentiels, méritait bien le magnifique successeur qu'on va lui donner. Ce bâtiment était de ceux dont on ne parle pas ; il n'avait d'un peu remarquable que la vue étendue dont on jouissait de ses balcons sud. N'oublions pas cependant de parler des armes de la ville, sculptées au-dessus de la porte principale, une salamandre au milieu des flammes, avec la devise : *Nutrisco et Extinguo.*

Le **Musée** a été construit à l'extrémité sud-ouest de la rue de Paris, sur l'emplacement d'un vieil édifice que son âge aurait dû peut-être préserver de la ruine, le *Logis du Roi.* C'était là que s'était passée cette tragique histoire des trois Raulin dont nous vous avons promis le récit. Ecoutez parler l'historien naïf, l'abbé Pleuvry :

« Cette année (1599) fut marquée par la fin tragique des trois Raulin, officiers de la garnison : Isaïe Raulin de la Reynardière, cornette d'une des compagnies de gens de pied du duc de Villars, Pierre Raulin, sieur de Saint-Laurent, lieutenant d'une compagnie de fantassins entretenue par le Roi en Normandie, et Jacques Raulin de Rogerville, enseigne de cette dernière compagnie, étaient fils de Robert Raulin, écuyer, avocat au Havre-de-Grâce. Ayant été mandés à l'Hôtel-de-Ville, où, de la part du commandant qui les haïssait, on leur tendit des pièges, ils furent sommés d'obéir à de certains ordres qu'ils crurent contraires au service du Roi. Sur leur refus parurent tout-à-coup des gens armés qui s'étaient garnis de plastrons pour les combattre. Deux Raulin furent renversés dans la salle des assemblées, mais le troisième s'étant dégagé, s'échappait déjà par l'ouverture des galeries qui règnent sur la cour, lorsque malheureusement il demeura accroché à un clou de la muraille. Il fut massacré en cet endroit. Peut-être y avait-on mis exprès ces obstacles; mais c'est une tradition accréditée dans cette ville, que les carreaux de cette galerie s'étaient tellement abreuvés du sang de ce malheureux, qu'il avait été absolument impossible de les nettoyer, et qu'on y voyait encore longtemps après ces marques sanglantes.

» Le père des Raulin, par des largesses qu'il fit au peuple, pensa le soulever, et exciter une sédition. Cependant, on les enterra secrètement dans une des ailes de l'église Notre-Dame, où l'on voit leur épitaphe sur le pilier de la chapelle de Saint-Sébastien. On y trouve ingénûment qu'ils décédèrent tous trois à la même heure en cette ville, le 16 de mars 1599. On répandit dans le public qu'ils étaient coupables envers le prince ; mais ce n'était qu'un prétexte qui n'autorisait pas les voies de fait et les exécutions précipitées sans les formalités de la justice. Les gens de bien qui connaissaient la fidélité inviolable de ces trois frères, surent parfaitement démêler le vrai à travers ces manéges, et demeurèrent persuadés que la jalousie de l'estime qu'on avait pour eux les avait immolés à la passion de leur adversaire. »

Nous avons préféré ce récit de l'historien sérieux à tous ceux que la fantaisie a inventés et dont ont abusé le drame et le roman. Disons, pour clore cette histoire, que la pierre des frères Raulin avait été enlevée de Notre-Dame, et que tout récemment on l'a retrouvée dans les démolitions de la fontaine des Viviers. On l'a transportée au Musée, à l'endroit du crime.

Le Musée est un monument qui ne manque pas de grâce à l'extérieur. Son architecture, à la fois brillante et sérieuse, offre même beaucoup d'agrément. Mais on en a sévèrement blâmé la distribution intérieure. « C'est, a-t-on dit, une belle maison bâtie pour loger un escalier. » En effet, un vaste escalier en pierres de taille occupe presque toute la largeur du monument. Cela n'empêche pas qu'il ne renferme deux très-jolies salles de tableaux, des galeries d'histoire naturelle qui viennent de s'enrichir de précieuses collections, et une bibliothèque très bien montée.

Au fond de l'escalier est placée la statue de François Ier. Devant le Musée sont les deux statues en bronze de Bernardin-de-Saint-Pierre et de Casimir-Delavigne, dues au grand artiste David d'Angers.

Les **Eglises**. — En 1516, l'année même de la fondation de la ville, une petite chapelle de bois, couverte de chaume, fut construite pour célébrer la messe aux pêcheurs. Cette chapelle est devenue l'Eglise métropolitaine de Notre-Dame. En 1540, Claude de Montmorency posa la première pierre du clocher, au haut duquel fut établi un phare. En 1575, on reconstruisit complétement l'Eglise. Ce travail fut exécuté par le maçon Pierre Duchemin. Les orgues, assez jolies, ont été données par le cardinal de Richelieu. Le monument n'a rien de remarquable, ni à l'intérieur, ni à l'extérieur. —

Il en est de même de l'Eglise Saint-François, dont la construction date de 1553. — L'Eglise des Pénitents, élevée sur les ruines du couvent des Pénitents du tiers-ordre de Saint-François, est un monument bâti sans la moindre idée architecturale. Les Eglises de Saint Vincent de-Paul, Sainte-Marie et de l'Eure, de construction toute récente, sont plutôt de grandes chapelles.

Le **Palais de Justice,** grand et bel édifice, qui gagnerait beaucoup, si malheureusement il n'était environné des rues les plus étroites et les plus fangeuses, et si une belle place remplaçait le vilain marché qui s'étend depuis sa façade jusqu'à la rue de Paris.

Le **Théâtre,** joli monument bâti sur l'emplacement de celui qui fut incendié en 1843. La salle, restaurée nouvellement, est une des plus coquettes qui existent en France.

Le **Tribunal de Commerce,** enclavé dans des maisons particulières, n'a rien de ce qui caractérise un monument.

La **Salle Sainte-Cécile,** destinée à donner des soirées musicales, et qui ne s'ouvre que bien rarement : une construction sans caractère, mal décorée à l'intérieur. La jolie **Salle de Bal**, construite par M. Frissard sur la place du Commerce, est transformée maintenant en Temple protestant.

L'Arsenal de la Marine. — La façade sur la rue de l'Hopital n'a rien de remarquable. C'est une monotone ligne de pierre dans laquelle sont parcimonieusement creusées quelques ouvertures. Mais la façade du quai Videcoq est très délicatement ornée.

En somme, ce ne sont pas des monuments qu'il faut chercher au Havre, ville trop neuve et trop occupée. Ce qu'il faut lui demander, ce sont ces points de vue magnifiques, que le poète havrais comparait à ceux de Constantinople. C'est ce splendide coup-d'œil, dont on jouit du haut de la côte d'Ingouville ; ces navires entassés par milliers dans les bassins, qu'on aperçoit du foyer du Théâtre ; cette longue et belle rue de Paris, terminée d'un côté par la mer, de l'autre par le nouvel Hôtel de-Ville.

Après cela, ne demandez plus rien au Havre, rien que du commerce et de l'industrie. Mais

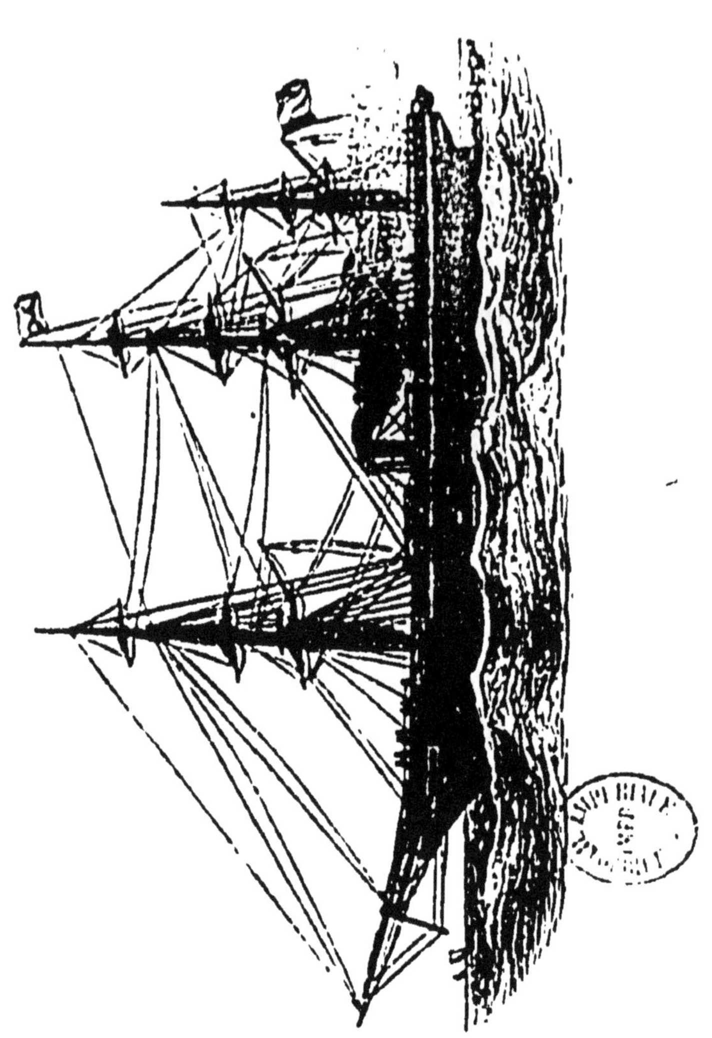

alors, le Havre vous montrera les 1,100 ouvriers de MM. Mazeline et Cᵉ, les forges de MM. Nillus, et les chantiers de M. A. Normand, une des célébrités de la construction maritime. Bien entendu, nous ne citons-là que les établissements hors ligne.

Dans cette atmosphère commerciale, des poëtes, des littérateurs, des artistes, des guerriers ont cependant pris naissance. C'est Mˡˡᵉ de Scudéry, victime des calomnies de Boileau; Mᵐᵉ de Lafayette, l'auteur de la *Princesse de Clèves*; Bernardin-de-Saint-Pierre, le chantre de *Paul et Virginie*; Casimir-Delavigne, l'auteur des *Messéniennes* et de l'*Ecole des Vieillards*; Ancelot, le poète mort tout récemment; le lieutenant-général Rouelles; les naturalistes Dicquemare et Lesueur; le célèbre comédien Frédérick Lemaître, etc., etc.

Nous ne citons-là que les gloires bien établies, bien irrécusables. Car nous ne voulons pas laisser planer sur le Havre l'accusation d'être une ville stérile. Mais combien auxquels nous n'avons pas donné place dans cette liste, parce qu'ils n'ont pas assez remporté de victoires, ont cependant gagné noblement leurs éperons de chevalier.

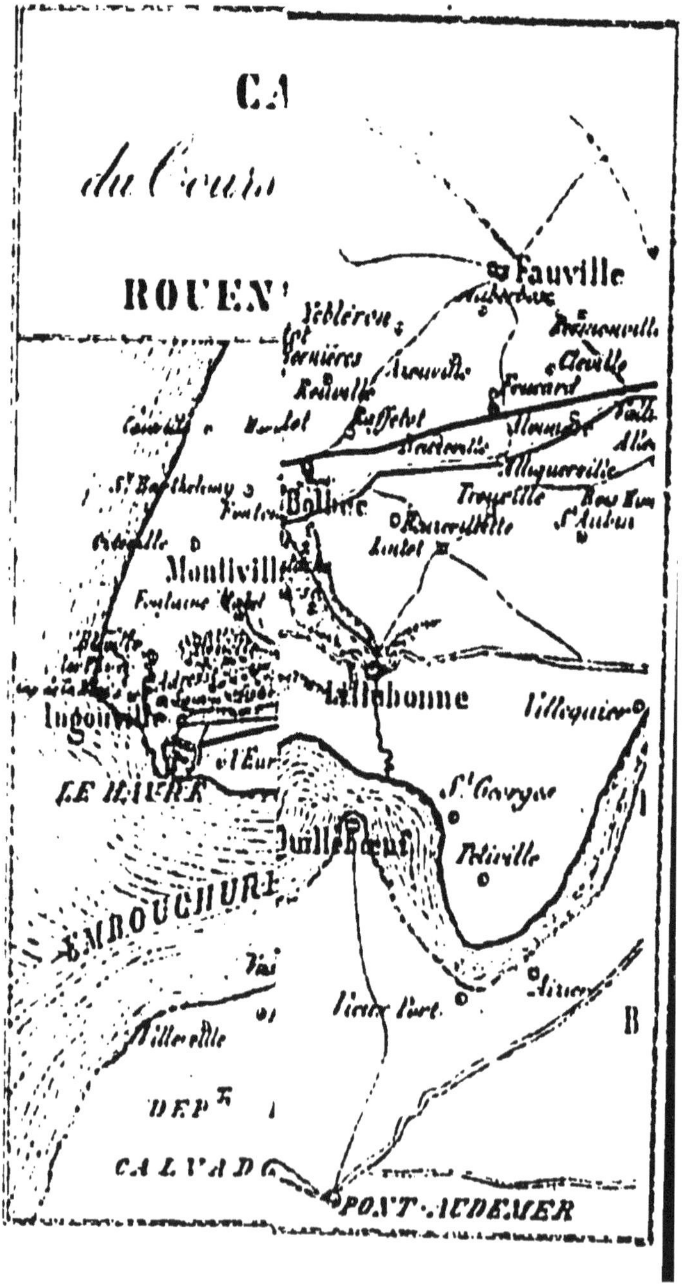

CA

du Cour

ROUEN

Fauville

Bolbec

Montivill

Lillebonne

Villequier

Ingouville

LE HAVRE

Quillebeuf

St Georges

EMBOUCHURE

Vieux Port

DEPT

CALVAD

PONT-AUDEMER

CHAPITRE II.

L'EMBOUCHURE DE LA SEINE.

Le bateau à vapeur sort du port. Un dernier salut à la vieille Tour de François Ier ! Les parents, les amis sont là sur la longue jetée, qui nous regardent partir, et agitent leurs mouchoirs en signe d'adieu. Comme si vraiment nous allions faire un voyage de long-cours !

Nous voici en mer. Nous avons doublé la jetée. A droite voici le cap de la Hève ; à gauche le cours de la Seine, dont les eaux, comme celles de la fontaine Aréthuse, semblent ne

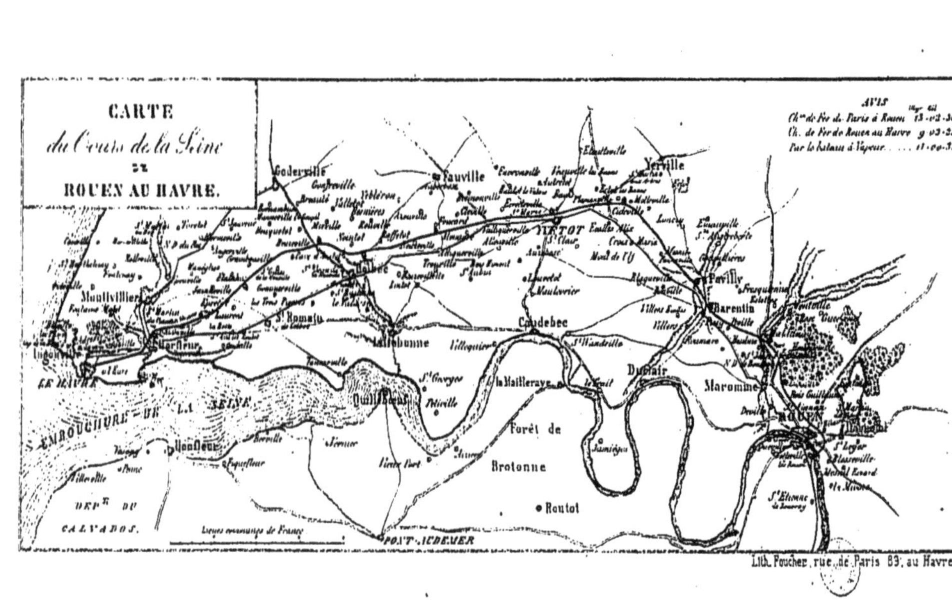
CARTE
du Cours de la Seine
DE
ROUEN AU HAVRE.
AVIS
Ch. de Fer de Rouen au Havre
Goderville
Fauville
Yerville
Yvetot
Bolbec
Montivilliers
Harfleur
Le Havre
St Romain
Lillebonne
Caudebec
St Wandrille
Villequier
la Mailleraye
St Georges
Quillebeuf
Pavilly
Barentin
Duclair
Maromme
Jumièges
Forêt de
Brotonne
Routot
Embouchure de la Seine
Honfleur
Dep.t du
Calvados.
Lieues communes de France
Pont-Audemer
Lith. Foucher, rue de Paris 83, au Havre.

pas vouloir se confondre avec celles de l'Océan. Vous apercevez, en effet, une large ligne jaune qui tranche sur la couleur vert foncé de la mer. C'est la Seine.

Demandez à l'auteur des *Etudes de la Nature* cette mythologique histoire de Sequana et de Héva, les deux nymphes de Cérès accompagnant leur maîtresse à la recherche de sa fille, poursuivies par Neptune, et changées Héva en rocher à pic, la Hève; Sequana en fleuve rapide dont l'eau glisse entre les mains qui veulent la saisir, la Seine.

Au sommet du cap de la Hève, s'élèvent deux phares magnifiques, et un mât de signaux qui correspond avec celui de la jetée. Non loin des phares, un disgracieux tronçon de pierre, baptisé du nom de *Pain de Sucre*. C'est un monument élevé, avec le concours de l'Etat, par la veuve du général Lefebvre Desnoettes, à la mémoire de son mari, naufragé sur les côtes d'Irlande, pour, dit l'inscription gravée sur le socle, prévenir les malheurs et signaler les dangers, malheurs et dangers qui seraient tout aussi bien prévenus et signalés sans la présence de cet affreux *Pain de Sucre*.

Entre la Hève et l'ouverture du port du Havre, un joli petit village, qui tend à devenir une ville, Sainte-Adresse, se mire dans les eaux ; village ombreux, au fond d'une fraîche vallée, où longtemps a vécu avec ses roses l'auteur immortel des *Guêpes.*

Mais le bateau change de bord ; il exécute un *à gauche* complet : nous ne savons pas comment s'appelle en marine ce mouvement, qui nous permet d'apercevoir un instant sur la côte opposée Trouville, célèbre depuis quelques années par ses bains, Villerville, village de pêcheurs, Pennedepie et Vasoui, hameaux maritimes.

Nous voici maintenant dans l'axe de la Seine. Observons : A notre gauche, nous remarquons de place en place de gros morceaux de fer de forme conoïde, flottant à la surface de l'eau. Ce sont des bouées, indiquant les limites que les bateaux ne doivent pas dépasser. En dedans de ces bouées se trouve le poulier du Sud, vaste banc de sables mouvants, sur lequel plus d'un bâtiment a péri, après avoir manqué l'entrée du port.

Rassurez-vous, cependant. Sur ces hautes

murailles de granit qui longent le poulier, voici deux appareils de sauvetage, placés là depuis que le naufrage du sloop le *Précurseur*, il y a quelques années, déplorable sinistre auquel assistaient plus de dix mille personnes qui n'en ont pu sauver huit; depuis, disons-nous, que ce naufrage a montré la nécessité de recourir à d'autres moyens que les barques de sauvetage, trop longues à se mettre en mer.

Ces appareils dont nous vous parlons, ce sont tout simplement des grues comme celles qui servent sur les quais au chargement des navires. Seulement, au lieu d'un ballot de marchandises, c'est une grande corbeille de fer qui se balance à l'extrémité de la chaîne. En cas de naufrage, on déroule la chaîne ; la corbeille descend à la mer ; les naufragés s'y placent, et sont ainsi ramenés sur le haut de ces murailles qu'ils ne pouvaient escalader, et devant lesquelles périsssaient les meilleurs nageurs.

Cependant, nous sommes loin des grues de sauvetage. Nous avons dépassé les remparts de la Floride. Au moins, voici de la verdure maintenant. Au fond du paysage, la côte d'Ingouville, toute parée de grands arbres; plus près un village populeux, et tout au bord de la mer des ouvriers qui travaillent à remuer le galet, à enfoncer des pieux, à clouer des charpentes.

Ce village, c'est l'Eure; ces travaux, ce sont les estacades des digues de l'Eure. Ces digues défendent la ville du Havre et toute la plaine voisine, en contrebas du niveau de la mer, contre les irruptions des eaux. Lorsque dans une tempête elles se trouvent coupées et livrent passage aux lames furieuses, il est impossible de calculer les désastres qui peuvent en résulter. Aussi, les ingénieurs des ponts-et-chaussées se sont-ils toujours sérieusement occupés de leur défense. M. Frissard, M. Renaud, ingénieurs en chef, y ont porté toute leur attention, et le digne successeur de ces hommes illustres, M. Bouniceau, fait exécuter actuellement une reconstruction complète des estacades en charpente, en attendant qu'on établisse la digue en maçonnerie si instamment réclamée.

Ces quelques maisons, qui viennent un peu plus loin, c'est le hameau de la Petite-Eure. Il y avait jadis ici un port renommé, d'où sortaient des flottes considérables. Qu'en est-il advenu maintenant ? En face de vous est Notre-Dame-des-Neiges, une chapelle célèbre jadis. La reconnaîtriez-vous, englobée au milieu des bâtiments d'une ferme, et servant à la fois de magasin, d'écurie, de poulailler ?

Le bateau à vapeur marche toujours, et déjà nous sommes vis-à-vis de la pointe du Hoc. On voit là un phare, la maison du gardien, et quelques bâtiments inachevés. C'est le Lazaret. Il serait curieux, si le temps et la place ne nous manquaient, de vous dire ce qu'il a été dépensé d'argent, ce qu'il a été discuté de projets et de contre-projets, avant d'arriver à faire ou plutôt à ne pas faire un Lazaret, à la pointe du Hoc. Quoi qu'il en soit, l'idée a été complétement abandonnée, et on se contente maintenant de placer les navires en quarantaine dans un des bassins du Havre.

Laissons ce Lazaret qui fait songer à de trop vilaines choses. Mieux vaut contempler l'embouchure de la Lézarde, rivière déchue, qui se jette dans la Seine à la pointe du Hoc. Nous passerions peut-être sans le voir devant ce filet d'eau, si ce filet d'eau ne conduisait à Harfleur.

Harfleur à gauche ; Honfleur à droite : deux villes l'une en face de l'autre, chacune sur une des rives du fleuve.

Harfleur et Honfleur, deux victimes de la destinée et de l'instabilité des choses humaines. Car il en est des villes comme des hommes : de même que certains s'enrichissent pendant que d'autres se ruinent, certaines villes sorties du néant deviennent tout-à-coup, sans qu'on sache comment ni pourquoi, riches et florissantes, tandis que d'autres, célèbres jadis, sont déchues, et qu'il se fait autour de leur nom un silence de mort.

Harfleur était autrefois une forte place de guerre, toujours ardemment convoitée par les Anglais, qui ne manquaient jamais de l'assiéger, à chaque invasion de la Normandie, toujours chère aux Français qui la défendaient de leur mieux, et quand l'Anglais, par force ou par fraude, l'avait enlevée, s'en allaient joyeusement la reprendre.

Henri V s'en était emparé en 1415, et la garda pendant 20 ans ; mais en 1435, il se trouva 104 bourgeois généreux qui résolurent de s'affranchir du joug de l'étranger.

Ils firent le serment de délivrer Harfleur, et ce qu'il y a de mieux, c'est qu'ils le tinrent. En l'honneur de cet exploit, chaque matin, à Harfleur, avant la première messe, on sonna pendant longtemps 104 coups de cloche.

Les Anglais ne se tinrent pas pour battus, et en 1440, ils reprirent de nouveau Harfleur, qu'ils gardèrent neuf ans. Un siècle plus tard, les protestants vinrent à leur tour aider à ruiner Harfleur, ou plutôt protestants et catholiques se ruèrent de concurrence à qui mieux mieux à cette besogne; car, en ces temps malheureux de guerre civile, les deux partis se livraient également à toutes sortes d'excès et de cruautés. Quoi qu'il en soit, Harfleur fut ruiné complétement à la suite des luttes religieuses.

Mais une ville ruinée peut se rebâtir : des murailles renversées se relèvent; les maisons incendiées sont remplacées par d'autres. Ce qu'Harfleur ne pouvait ni recouvrer ni remplacer, c'était la mer, qui l'abandonnait sournoisement, pour aller porter ses caresses et ses faveurs à un rival nouveau-né. Il y avait quelques années à peine que les premiers toits du Havre fumaient au sud-ouest d'Harfleur.

Aujourd'hui, l'abandon de la mer a été si complet, que c'est pitié de voir ce port avec ses hautes et fortes murailles, dans lequel coûle un si mince filet d'eau, qu'à peine suffit-il à faire tourner la roue d'un moulin.

Enfermé dans sa ceinture de murailles ruinées, et de fossés transformés en prairies, Harfleur ne cherche pas à sortir de son état. La vie semble l'avoir complétement abandonné. Le commerce, qui seul pourrait le sauver, ne paraît pas s'y rendre volontiers. Harfleur ne reprend un peu d'animation que le dimanche, quand la foule le traverse en habits de fêtes, pour s'aller ébattre dans un des jolis villages voisins.

Dans ces cas-là, on jette parfois en passant un regard sur la vieille église, et on récite ces deux vers de Casimir-Delavigne :

...Ce clocher d'Harfleur, debout pour vous apprendre
Que l'Anglais l'a bâti, mais n'a pu le défendre,

vers qui renferment, dit-on, une lourde faute d'archéologie, puisque le clocher serait de construction française.

En tout cas, quelle que soit son origine, il n'en est pas moins admirablement ciselé, ouvré délicatement, et méritant à tous égards d'attirer l'attention.

Heureusement que notre bateau tient à peu près le milieu du fleuve. Pour passer de Harfleur à Honfleur, d'une rive à l'autre, nous avons à peine quelques pas à faire, la largeur du navire à traverser.

Honfleur n'est pas réduit tout-à-fait au même point que Harfleur. C'est une ville assez populeuse encore (près de 10,000 habitants), où le marché attire chaque semaine les cultivateurs voisins et les marchands de denrées du Havre. Aussi Honfleur est en communication régulière avec cette dernière ville, par le moyen d'une ligne de bateaux à vapeur qui effectuent un et quelquefois deux voyages par jour.

Il n'en est pas moins vrai qu'Honfleur est une ville déchue. Lorsqu'on examine à mer basse ce port qui chaque jour s'envase, on se demande d'où vient qu'aucune tentative n'ait été faite pour s'opposer à cette œuvre de destruction. C'est que la nature a condamné le port d'Honfleur : les hommes ont compris qu'ils ne peuvent rien contre elle, et qu'en vain voudraient-ils s'opposer à ce qu'elle a décidé.

Au moins, Honfleur lutte courageusement contre sa décadence, et sa ruine complète n'est pas encore proche : si de son commerce d'autrefois il ne lui reste plus que le cabotage et la pêche, au moins le cabotage et la pêche y sont-ils favorisés autant que possible. Il y a encore une industrie qui, Dieu merci ! ne se perdra pas de sitôt sur cette côte. Les constructeurs de navires de Honfleur sont renommés au loin, et leur réputation est méritée.

L'agonie d'Honfleur, c'est l'agonie d'un malade désespéré, abandonné des médecins, mais qui se sent encore la volonté de vivre, et qui, jusqu'au dernier moment, espère être sauvé par un miracle. Harfleur, au contraire, est le malade déjà refroidi, le phthisique qui n'a plus conscience de sa douleur, ni désir de la surmonter, et qui se laisse entraîner insoucieux, indifférent, jusqu'au moment où sonnera sa dernière heure.

Pourquoi ces deux villes, dont le destin est pareil, ont-elles été placées ainsi l'une en face de l'autre ? Est-ce un enseignement que la Providence a voulu nous donner ? Est-ce pour dire au Havre, si fier aujourd'hui de ses richesses, qu'il n'est point de fortune durable; que son tour aussi viendra de s'envaser, de disparaître et d'être oublié? Que Dieu, les dragages et les écluses de chasse détournent l'augure!

Triste chose, quoi qu'il en soit, d'assister à la ruine d'une fière cité, d'opposer aux gloires du passé la décrépitude du présent, le néant de l'avenir! C'est qu'Honfleur a eu aussi ses jours brillants. Ses bassins, qui sont vides maintenant, ce n'est pas pour rien qu'on les a construits jadis. Ils ont longtemps reçu leur contingent de navires. Honfleur a eu aussi l'honneur de servir de point de mire aux attaques des ennemis de la France, honneur enviable vraiment! et n'eut été le dévouement de trois hommes qui bravèrent la colère des flots et les balles anglaises pour aller chercher du renfort, elle aurait bien pu voir flotter une fois de plus sur ses murs l'étendart britannique. Ces trois nobles cœurs réussirent dans leur mission, et la croyance populaire, voulant voir dans ce succès une intervention divine, inventa une légende et bâtit une chapelle.

La légende, c'est l'histoire de la Vierge qui

apparut aux navigateurs perdus au sein des flots, calma la tempête, et conduisit à bon port la barque qui portait la fortune d'Honfleur.

La chapelle, c'est *Notre-Dame-de-Grâce*, qui se découpe dans un nid de verdure au sommet de la falaise, petite église où tout respire la foi vive des marins qui la fréquentent. Des tableaux accrochés aux murailles, représentant invariablement un navire en danger, balayé par les lames furieuses, et *Marie* qui apparaît dans les nuages, au moment où, prosternés sur l'avant, le patron et les matelots attendaient la mort en faisant leur prière ; des navires de toutes formes et de toutes dimensions suspendus à la voûte, voilà les naïves offrandes que les marins échappés au naufrage viennent apporter à *Notre-Dame-de-Grâce*. Si la plupart des tableaux laissent à désirer sous le rapport de l'art, en revanche, les navires, travaillés par les mains de ceux-mêmes qui les ont offerts, sont tous de petits chefs-d'œuvre.

Cette chapelle est devenue un lieu de pèlerinage, et il n'est personne qui vienne à Honfleur sans monter la côte de Grâce, au grand plaisir et au plus grand profit des marchands de chapelets et de curiosités de toute espèce, qui ont élu domicile sur la pelouse.

Un peu en avant de Notre-Dame-de-Grâce, un Calvaire est élevé sur la falaise. Les matelots pêcheurs ne manquent jamais de se découvrir en passant devant l'image du Christ. Nous devons à la vérité de dire qu'ils le font un peu pour obéir à l'usage, et que cela ne les empêche pas, une fois à terre, d'engloutir souvent dans les cabarets le produit de leur pêche, n'en déplaise aux utopistes, qui veulent que toutes les vertus de l'âge d'or, bannies du reste de la terre, se soient réfugiées chez les populations maritimes.

CHAPITRE III.

DE HONFLEUR A QUILLEBEUF.

Reportons, si vous le voulez bien, nos regards vers la rive droite de la Seine. Un peu plus haut qu'Harfleur, un château d'assez mesquine apparence est construit au sommet de la falaise. Mais si le monument ne mérite pas lui-même d'attirer les regards, le paysage splendide au milieu duquel il est placé est digne d'une véritable admiration. Un parc magnifique, de grands arbres séculaires, une vaste pelouse, d'où la vue embrasse un immense horizon, tout cela à une hauteur prodigieuse. C'est le château d'Orcher. Cette propriété, patrimoine jadis de la famille de Nagu, s'étend jusqu'au bord de la mer. On descend à la grève par un petit sentier étroit, raide et rocailleux que fréquentent les douaniers, les touristes et les botanistes. Les douaniers font la chasse aux fraudeurs, assez communs dans ces falaises escarpées. Rude métier, souvent dangereux !

Les touristes vont admirer le point de vue de la plage, et la fontaine dite *pétrifiante*. Il ne faudrait pas croire que l'eau de cette fontaine jouit de la propriété de pétrifier, c'est-à-dire de changer en pierre les objets qu'on y plonge ; mais elle les enduit d'une couche de limon qui se solidifie, et en reproduit assez fidèlement la forme. Les fontaines de cette espèce ne sont pas rares ; il y en a plusieurs en Auvergne. Les journaux ont retenti dernièrement de l'histoire de cet anglais qui, entendant parler des propriétés miraculeuses d'une pareille fontaine, voulait à tout prix y plonger le corps de sa femme, pour la conserver jusqu'à son retour à Londres. Etait-ce à Orcher que la scène se passait ?

Quant aux botanistes, ils viennent chercher sur les côteaux d'Orcher ces plantes magnifiques et bizarres, qui affectent, à tromper l'œil le plus exercé, des formes diverses d'animaux, et qui se plaisent à dérouter tous les procédés de culture, les *orchidées*. Elles sont en assez grande abondance dans ce sol sableux qui leur convient, et où croissent également la cigüe, la plante qui a servi à tuer un sage, et l'ellébore, dont il faudrait ensemencer toute la terre, si chaque fou devait en avaler quatre grains.

Passons sans rien dire devant Rogerville, pour arriver à Oudales, qui fut jadis célèbre par ses salines... e' par son vin. Seulement, nous ne conseillerons à personne d'expérimenter si cette dernière réputation est encore méritée. Fi donc ! Demander du vin en Normandie, comme si nous n'avions pas le vin de nos pommiers. La Normandie, songez-y bien, est la patrie du cidre, et il n'est pas de Tokay, de Johannisberg, ni de Constance qui vaille un verre de ce bon vieux cidre en réserve pour les amis dans la cave du paysan normand. Par exemple, si vous n'êtes pas au nombre des amis... buvez de l'eau !

Ce qu'il y a de vraiment désagréable, amis lecteurs, c'est de vous faire passer ainsi de gauche à droite, et de droite à gauche. Mais qu'y faire ? Ce n'est pas nous qui avons disposé les villes et les villages.

A la suite de Honfleur, voici Fiquefleur, qui n'offre guère d'intérêt.

Remarquez le phare de Fatouville, bâti il y a quelques années sur l'emplacement d'un vieux chêne qui servait d'amer, et qu'on appelait l'*homme de bois*. Ce phare s'aperçoit parfaitement de la jetée du Havre, où ce n'est pas un mince plaisir pour les promeneurs de suivre de l'œil ses brusques changements de couleur et ses éclipses successives.

Voici Grestain, village où fut jadis une abbaye célèbre, fondée en 1040 par le comte de Conteville. Nous sommes allé à Grestain : sur la route d'Honfleur à ce village, tout le monde s'est empressé de nous indiquer la scierie de marbre ; mais quand nous avons demandé à voir au moins la place où s'était élevée l'abbaye, les indigènes ne nous ont pas compris.

L'abbaye de Grestain, nous le savons, s'est transformée en château. Mais nous ne pouvons croire qu'il ne reste rien des constructions anciennes.

A un titre au moins, l'abbaye de Grestain aurait dû être respectée. Dans ses caveaux funèbres reposait la femme de son fondateur. Et cette noble comtesse, savez-vous qui c'était ? Bien peu de chose. Tout simplement une femme du peuple, une pauvre fille qui s'appelait Harlette, la fille d'un pelletier.

Mais la pauvre Harlette avait une qualité qui valait bien des richesses : elle était jolie comme les anges. Elle se laissa entrainer au doux péché d'amour, et de ses visites mystérieuses dans la tour de Falaise, il résulta qu'un fils lui naquit ; ce fils fut Guillaume, dit le Bâtard, duc de Normandie.

Or, il arriva qu'un jour ce bâtard que l'on raillait, que l'on insultait des cris *la pel! la pel!* pour lui rappeler qu'il était le fils d'Harlette, et qu'Harlette était la fille d'un pelletier, ce bâtard se souvint qu'il était fils de Robert, et que Robert descendait de Rollon le pirate. Guillaume se mit donc à faire ce qu'avaient fait ses ancêtres, il écuma la mer, et du premier coup de filet, il amena une assez belle proie, tout simplement la couronne d'Angleterre.

Et Guillaume-le-Bâtard devint Guillaume-le-Conquérant.

C'était donc la mère de Guillaume-le-Conquérant, devenue, après la mort de son amant Robert, comtesse de Conteville, qui dormait du sommeil éternel dans les caveaux de Grestain.

Grestain est situé au fond d'une baie qui commence à Honfleur pour se terminer à Berville-sur-Mer. Ce dernier village forme un véritable cap, car après lui, la côte s'infléchit de nouveau assez brusquement, et forme une courbe concave qui a son extrémité à la pointe de la Roque. Une petite rivière, on pourrait presque dire un ruisseau, a son embouchure au pied de cette pointe : c'est la Rile, qui arrose Pont-Audemer. Mais comme Pont-Audemer n'est pas sur notre passage, nous ne dirons rien ni de cette ville, ni de son *fleuve*.

Béranger, prieur du couvent de Pontalle, avait tenté de réformer les mœurs fort dissolues de ses moines. Ceux-ci lui prouvèrent leur reconnaissance en tentant de l'assassiner.

Béranger s'enfuit, et vint se réfugier à la pointe de la Roque, où il se construisit un hermitage. Mais les coquins de moines, voyant que la force ne leur avait pas réussi, eurent recours à la ruse. Ils feignirent de se convertir, et Béranger leur pardonna. Leur plan était tracé. Ils s'étaient souvenus à propos de Romulus, que les sénateurs romains avaient fait disparaître, risque à le livrer ensuite à l'adoration du peuple, sous le nom de Quirinus. C'est à peu près le sort de tous les réformateurs. Un beau matin, on ne trouva plus l'abbé Béranger. On en fut quitte pour supposer qu'il était monté au ciel ; les moines, sans doute, appuyèrent le fait des témoignages de leur parole irrécusable. Béranger devint Saint-Béranger ; le tour fut joué, et on ne parla plus de réforme au monastère. Les moines ont disparu, le cloître également ; mais le souvenir de Saint-Béranger est resté dans l'esprit des populations : on vient à la pointe de la Roque prier devant son hermitage.

A notre gauche, à la droite du fleuve, si vous voulez, nous passons devant Sandouville et devant Saint-Vigor. Vous n'êtes pas sans avoir entendu parler de ce village et de sa caverne ; mais les intrigues amoureuses dont elle a pu être le théâtre n'offrent guère d'intérêt, car déjà voici que la Seine se rétrécit sensiblement. Nous approchons de Tancarville.

Un fait digne de remarque, c'est que, depuis Honfleur d'un côté et la pointe du Hoc de l'autre, les deux rives de la Seine présentent une forme sensiblement symétrique. Des baies regardent les baies, et à chaque pointe correspond une pointe opposée. Tancarville se trouve juste vis-à-vis de la pointe de la Roque.

Le vieux château de Tancarville s'est fait, on ne sait comment, une fantastique renommée. Le voyageur sur la Seine attend avec impatience le moment où on lui annonce l'approche de cette ruine, et ses regards impatients cherchent à s'envoler en avant du rapide bateau à vapeur. Si la machine avait l'intelligence de ralentir un peu sa marche, ou plutôt si nous pouvions monter quelques instants sur ce plateau, nous jouirions du plus magnifique spectacle : Tancarville, ses ruines, la Seine et Lillebonne, Juliobona, la ville véritablement romaine, celle-là, qu'on aperçoit à une distance d'environ deux lieues.

Mais puisqu'il faut nous contenter de jeter sur ces beaux lieux un regard rapide, consolons-nous, en lisant l'histoire du différend du chambellan de Tancarville et du sire d'Harcourt, à propos d'un moulin. Nous faisons comme tout le monde, nous empruntons ce récit naïf à la *Chronique Normande :*

« Au temps du Roi Philippe-le-Bel, il y eut grande dissension entre deux grands barons de Normandie, c'est assavoir le sire de Harccourt et le chambellan de Tancarville, pour cause d'un moulin, et à prendre la possession y eut grand débat. Le tort de Harccourt, lui 40me des gens armés, battit et n'aura les gens du dit chambellan de Tancarville, et par force il eut possession du dit moulin. Le chambellan sceut que ses gens furent villenés, il fit semondre les hommes, et arriva avec ses amis au nombre de trois cents hommes à Lillebonne où estaient le sire de Harccourt et le tort, son frère. Là vint courir le chambellan et leur cria grans outrailges et mauvaistés, le sire de Harccourt issit aux barrières avec tous ses gens et très-bien se deffendirent, et y eut gens tués de costé et d'autre. Le Roy ouït parler de ce desconfort, si les envoya adjourner par messire Enguerrand de Marigny à comparer devant lui. Or avint comme ils allaient à court, le sire de Harecourt trouva le chambellan et lui courut sus et lui créva, du doigt de son gantelet l'œil sénestre, puis s'en retourna à ses gens. Quand le chambellan fust guéri il alla devers le Roy et appela de gaige ledit seigneur de Harecourt. Monsieur Charles de Valois, frère du Roy, aimait moult le sire de Harecourt, il le pléigea et vint à court. Messire Enguerrand de Marigny, grand conseiller du Roy, dit que le sire de Harecourt avait fait trahison. Monsieur Charles dit non, Messire Enguerrand desmentit Monsieur Charles, dont après le coupera si cher qu'il en fut pendu, jasoit qu'il fust prend'homme. La bataille fut ajugiée et vint le sire de Harecourt en champ armé de fleurs de lys, et se combattirent les deux barons très-fièrement. Le Roi d'Angleterre et le Roi de Navarre qui là estoient présents, dirent et prièrent au Roy de France que la bataille cessat, et que dommage serait se si vaillants hommes comme ils estoient tuoient l'un l'autre, dont fut crié ho ! de par le Roy de France, et furent tous deux faits contents, et par lesdits Roys fut la paix faite devers l'an 1300. »

Il nous semble cependant que le sire de Tancarville, qui avait perdu son moulin et son œil, devait être, quoi qu'en dise la chronique, beaucoup moins content que le sire d'Harcourt, lequel avait pris l'un et crevé l'autre. Si de notre temps, s'il n'est pas rare que des biens abandonnent leur légitime propriétaire pour passer en des mains étrangères, au moins laisse-t-on à celui qu'on a dépouillé ses deux yeux pour voir l'usage qu'un autre fait de sa fortune. Vraiment, il y a progrès.

Mais quelque regret que nous en éprouvions, il nous faut dire adieu au séjour des sires de Tancarville. Nous sommes à Quillebeuf, et Quillebeuf est un des points importants du voyage que nous avons entrepris. C'est là à proprement parler que finit l'embouchure de la Seine, ou pour mieux dire que la Seine maritime cède la place à la Seine fluviale.

CHAPITRE IV.

DE QUILLEBEUF A LA MAILLERAYE.

Comme tous les vieillards amoureux, le vieux Neptune met de l'entêtement dans ses poursuites. Et de fait, ce n'est pas la peine d'être un des trois grands dieux pour se voir ignominieusement repoussé par une petite pécore de nymphe. Si aux beaux jours de la mythologie on eût été aussi avancé qu'au dix-neuvième siècle, nul doute que Neptune ne s'y fût pris autrement. Au lieu de se montrer à Sequana comme le dépeignent les poëtes, la barbe limoneuse et le front couronné de roseaux, il aurait un instant renoncé aux attributs de sa divinité, pour se travestir en lion, et ganté de frais, chaussé de bottes vernies, il aurait emprunté pour séduire l'inflexible nymphe les ressources de son subalterne Plutus. Mais les dieux d'autrefois se contentaient de bailler dans l'Olympe, en buvant l'ambroisie : on n'avait encore inventé ni le champagne, ni le quartier Bréda, ni les bals Musard.

Voilà pourquoi Sequana a conservé un cœur dur comme sa sœur Héva, voilà pourquoi, plutôt que de céder aux vœux du puissant maître de l'onde, elle s'est laissé changer en fleuve, un magnifique fleuve, il faut le dire. Au lieu d'un amant, elle a pour amants tous ceux qui admirent encore la belle nature, tous ceux-là dont malheureusement le nombre diminue chaque jour. Les beaux lieux auxquels la Seine prodigue ses amoureux et liquides baisers ne se plaignent pas qu'elle n'ait pas voulu consacrer à un dieu cruel toutes ses suaves caresses.

Mais Neptune ne s'est pas tenu pour battu, et avec une constance digne d'un meilleur sort, chaque jour il renouvelle ses instances. Chaque jour ses supplications sont inutiles. Alors, l'autocrate des mers s'irrite de cette résistance, il secoue son front chargé de tempêtes, et, grondeur comme un vieux loup de mer, s'élance à la poursuite de la nymphe qui fuit légère. A mesure qu'il la voit lui échapper, sa colère augmente, et quand il arrive près de Quillebeuf, où le rapprochement des rives permet à la jeune fille de continuer sa course, tandis que lui est obligé de faire des efforts *surdivins* pour se frayer un passage, — la fable du *Renard et de la Cigogne*, — sa rage est portée à son comble. Il renverse, il brise, il entraîne tout ce qui se trouve devant lui, et parvient seulement à se faire haïr davantage par la douce nymphe qui ne saurait lui pardonner de ravager ses bords. Il continue ainsi jusqu'à ce que ses forces épuisées ne lui permettent pas d'aller plus loin, et douze heures plus tard recommence sa poursuite sans plus de succès.

Mais c'est assez de mythologie, n'est-ce pas? Donc, mythologie à part, ce que nous venons de vous décrire, c'est la *barre*, phénomène qui se produit à l'entrée de tous les fleuves et rivières désignés sous le nom de rivières à marées, et qui acquiert à l'embouchure de la Seine une remarquable intensité.

La marée montante lutte contre le courant du fleuve. C'est d'abord la marée qui l'emporte, car le fleuve s'élargit à mesure qu'on approche de son embouchure, et la force de ses eaux est diminuée d'autant. La mer se précipite donc par cette ouverture qu'elle trouve sur son passage. Mais à mesure que le fleuve se rétrécit, elle lutte furieuse contre cet obstacle. Malheur aux embarcations qui ne sont pas solidement amarrées ! Le flot les emporte et va les briser plus loin. Les herbes du rivage courbent la tête sous la lame pour ne pas être arrachées, et se redressent après son passage. C'est aux environs de Quillebeuf que nous rencontrons ce terrible phénomène. Son arrivée s'annonce par un grondement qui absorbe complètement le bruit de la machine à vapeur.

L'heure du départ a été calculée précisément de telle façon que la barre nous atteigne près de Quillebeuf. Dans quel but, direz-vous ? C'est ce que nous allons essayer de vous faire comprendre.

L'homme a dans la nature une infinité d'ennemis de toute espèce, et par un effort de génie, ou plutôt par une bienfaisante inspiration de la Providence, il ne s'est pas contenté de les vaincre, il les a employés à son usage.

Que ce début pompeux ne vous effraie pas trop. Nous allons arriver au déluge. L'homme donc, après avoir dompté les animaux, a dompté les éléments. Il serait inutile d'énumérer tout ce qu'il tire de la terre ; la mer porte ses navires et son commerce ; l'air fait marcher ses moulins, bientôt peut-être il sera fendu par ses ballons ; le feu lui sert à préparer ses aliments, chose vile et matérielle, mais de première nécessité ; enfin il aide, de concert avec l'eau, à diriger le bateau même sur lequel nous causons en ce moment.

L'homme a dompté également la barre, et il s'en est servi pour faciliter la navigation de la Seine. La barre menaçait notre bateau de naufrage ; elle va l'entraîner, en effet, mais comme il est habilement dirigé, elle se contentera d'augmenter sa vitesse jusqu'à Villequier, où cesse dans les circonstances ordinaires l'action du phénomène. Cela, grâce à notre capitaine et aux pilotes de Quillebeuf.

Ces pilotes, au nombre de quatre-vingt-dix-neuf, sont l'aristocratie de la population quillebоise, aristocratie qu'il est loin de notre pensée de vouloir ridiculiser, et que nous vénérons au contraire du plus profond de notre âme; car elle est fondée sur l'incessant labeur, l'étude intelligente, et le dévouement perpétuel. Ces hommes, sous leur écorce un peu rude, sont les plus braves cœurs qu'il soit possible de rencontrer, et jamais ils n'hésitent à quitter leur demeure la nuit, par la pluie et la tempête, pour aller porter secours à un navire en danger.

Salut donc, salut et honneur aux pilotes de Quillebeuf. Maintenant, parlons un peu de leur ville.

Quillebeuf, situé à l'extrémité d'un cap, entouré d'une rade fertile en récifs et en dangers de toute sorte, était autrefois la capitale du Roumois, et est encore le seul port que possède le département de l'Eure. Guillaume *Longue-Epée*, duc de Normandie, avait donné cette ville à l'abbaye de Jumiéges; Henri IV la fortifia et voulut en revanche lui donner son nom, Henriqueville. Mais si le bon Roi n'avait eu que ce moyen pour passer à la postérité, son attente eût été bien déçue ; car Quillebeuf fit comme le Havre, et le nom de Henriqueville fut dédaigné comme l'avait été celui de Franciscopolis.

Les fortifications élevées par Henri IV furent détruites par sa veuve, et, malgré la tentative de Concini pour les rebâtir, il en reste à peine aujourd'hui quelques traces. — A part sa position pittoresque, Quillebeuf n'a à vous faire voir que son église. Ce monument sera jugé quand nous vous aurons cité l'appréciation qu'en porte le premier critique de notre époque — est-il nécessaire de le nommer ? — « On » voit qu'elle a été faite plutôt solide qu'élé- » gante, afin qu'elle pût résister aux orages. »

Avant de quitter la rade de Quillebeuf, nous voulons vous dire quelques mots d'une histoire récente encore, une histoire qui dans son temps a eu un retentissement immense, un mécompte de la spéculation, dont on daignerait à peine s'occuper une heure aujourd'hui que les mécomptes de la spéculation ne se comptent plus.

Le 3 janvier 1790, un navire fit naufrage

devant Quillebeuf. Il se nommait le *Télémaque*. C'était peu de temps avant la Révolution : Louis XVI avait dû prévoir les suites de la Révolution, le pauvre homme ! il avait dû songer à s'enfuir en Amérique, et y envoyer d'avance ses trésors. Ce que nous répétons-là, ce sont, bien entendu, les bruits qui couraient en 1840. Les trésors avaient été chargés à bord du *Télémaque*, et se trouvaient par conséquent enfouis dans le lit de la Seine.

D'après ce beau raisonnement, une société se forma pour le sauvetage de la cargaison. Des actions furent émises, et circulèrent bientôt à une prime considérable.

Si une pareille affaire s'organisait de nos jours, nul doute qu'on ne trouvât des actionnaires. Mais qu'en penserions-nous, nous artistes, qui ne donnons pas dans les travers de la spéculation... peut-être parce que l'art n'est pas une valeur cotée à la Bourse ? En bonne conscience, y verrions-nous autre chose que des dupes et des dupeurs ?

Eh bien ! n'en déplaise à notre incrédulité, il n'en fut pas ainsi en 1840. L'affaire était sérieuse. On fit venir des ingénieurs, on dressa des plans, on construisit des machines, on dépensa près de 500,000 francs..... Et ce qu'on retira de l'épave du *Télémaque* valait bien cent francs, centimes déduits.

Tout finit par des chansons. L'histoire du *Télémaque* finit par une cavalcade. Chaque année, à la *Mi-Carême*, on promenait au Havre sur un chariot une chaloupe à laquelle on avait donné le nom du malencontreux navire. Cet usage a duré quelque temps, puis s'est perdu comme beaucoup d'autres.

Disons, pour rendre hommage à la vérité, que certains actionnaires de l'entreprise n'étaient pas les derniers à rire sur le passage de la Cavalcade......C'étaient peut-être ceux qui avaient vendu leurs actions à prime.

Après tout, avec le caractère français, il n'est pas extraordinaire qu'on rie de tout, même de la perte de son argent. Ce qu'il y a de plus étrange, c'est que nous rencontrons tous les jours des gens qui croient encore aux trésors renfermés dans la cale du *Télémaque*.

Comme on tient à ses chimères! D'aucuns veulent bien renoncer à l'espoir de rien retrouver jamais des richesses enfouies; mais on ne saurait les amener à convenir que Louis XVI n'a pas eu l'intention de s'enfuir en Amérique. Ils ont imaginé, pour satisfaire leur marotte, l'histoire d'un vrai *Télémaque* qui serait arrivé heureusement à New-York avec le trésor, tandis que, pour dérouter l'attention publique, un navire homonyme aurait été coulé complaisamment devant Quillebeuf.

Du côté de la Seine opposé à Quillebeuf, Lemenil s'élève, sur les bords de la rivière qui va arroser Bolbec dont elle porte le nom, ou auquel elle a donné son nom, en passant par Lillebonne.

Ici, il n'y a pas de doute possible, nous sommes bien dans une ville romaine. Un théâtre, des bains, des aqueducs, et ces mille débris rencontrés dans les fouilles indiquent clairement l'origine de Lillebonne. Cette ville a du reste d'autres souvenirs historiques à faire valoir. Ce fut là que Guillaume-le-Bâtard rassembla ses barons, lorsque l'idée lui vint de s'aller faire conquérant; ce fut là que se dit le premier mot de cette gigantesque entreprise, dont la bataille d'Hastings fut la péroraison.

Lillebonne est devenue maintenant une cité industrielle. On y fabrique les madras, suivant l'expression du poète havrais, en rivalité avec Bolbec. Encore un nom à inscrire au livre des gloires déchues. Mais après tout, l'industrie est une gloire aussi, une gloire utile et durable ; à Lillebonne elle ne fait que progresser. De ses splendeurs passées, il est resté à Lillebonne un paysage magnifique : les œuvres de la nature sont moins que celles des hommes sujettes à changement. Il lui est resté aussi une très-belle église en style du moyen-âge.

Contentons-nous de signaler Saint-Georges, Notre-Dame-de-Gravenchon, Saint-Maurice, Petiville et Norville, puis reportons nos regards sur l'autre rive de la Seine, et arrêtons-les sur Vieux-Port.

Vieux-Port, c'est comme la campagne de Lamoignon chantée par Boileau,

> Un petit village ou plutôt un hameau.

On y vient regarder une chapelle construite sous un if.

Sur le même côté, et à peu de distance, on trouve Aizier, et le hameau du Flac, adossé à des débris de muraille romaine. A Aiziers commence la forêt de Brotonne, qui s'étend jusqu'au delà de Jumièges, et dans laquelle on a découvert en 1839 cette superbe mosaïque romaine, précieux chef-d'œuvre qui si longtemps a occupé l'attention éclairée du Conseil-Général de la Seine-Inférieure.

Sur la rive gauche, le village de Vatteville. La Seine, ici, se rétrécit de plus en plus. Devant Vatteville, le passage est même dangereux, mais pas pour nous qui avons un bon pilote,

De Vatteville à Villequier, il n'y a qu'un pas. Villequier est un joli petit village, orné de villas champêtres. Il n'y a pas là de quoi faire passer un nom à la postérité; et cependant Villequier est célèbre. Cette célébrité, il la doit à une triste, bien triste histoire, un de ces événements qui sont des douleurs nationales, lorsqu'ils frappent une gloire du pays, une de ces blessures du cœur qui ne sauraient se guérir. C'est devant Villequier qu'a péri dans les eaux de la Seine, en 1843, Mme Vacquerie, Mlle Léopoldine Hugo, la fille du grand poète.

Pauvre jeune femme ! Les anciens auraient dit que la Seine, jalouse de sa beauté, de son esprit et de son cœur, l'avait voulu avoir pour compagne. Pauvre père, que la gloire n'a pu consoler, et qui n'a trouvé de soulagement qu'en chantant sa fille !

Nous craindrions de n'avoir pas assez de larmes dans la voix pour vous raconter, terribles comme nous les sentons, les péripéties de ce drame. Une plume bien plus éloquente que la nôtre s'est chargée de cette tâche, funèbre hommage du grand écrivain au grand poëte. Ecoutez donc M. Jules Janin :

C'est toi, c'est ton feu
Que le pêcheur rêve,
Quand le feu s'élève,
Chandelier de Dieu.

« C'est M. Victor Hugo qui l'a dit. Hélas ! le malheureux poëte, quand il s'abandonnait à l'inspiration divine de ce grand spectacle, il ne se doutait guère qu'un jour, dans ces flots perfides, il perdrait sa fille, son enfant, l'enfant née avec sa poésie, la chaste héroïne, l'héroïne adorée des *Feuilles d'Automne* et des *Chants du Crépuscule*. Lamentable histoire.

qui se racontera de siècle en siècle, comme se raconte encore l'accident terrible de la *Blanche-Nef!* — Une enfant d'un si limpide regard, d'un si honnête visage, d'un sourire si heureux! Elle était l'orgueil de son père, elle était l'amour des poëtes qui l'avaient bercée dans son berceau; elle était l'adoration de sa mère! Celui qui écrit ces lignes l'avait vue toute petite parmi les fleurs du jardin paternel, enfant jeune, enfant bien aimée, un ange! — et enfin il l'avait vue huit jours avant sa mort, consolation refusée même à son père. Cette belle jeune femme que le Havre avait adoptée avec orgueil, la dernière fois que nous l'avons saluée, elle était sur le bord de l'Océan, par un splendide soleil! La fête était sur les flots, sur la terre, dans le ciel! Les barques légères luttaient de vitesse sur l'Océan obéissant. A ce jeu de la jeunesse présidait, nouvelle arrivée dans la France, Mme la princesse de Joinville, son grand œil noir saluant toutes choses: elle admirait! surtout elle avait salué d'un geste charmant l'enfant du poëte. — Le beau jour! — Les harmonies divines! — La lutte légère! — Trois jours après cette fête dont elle avait été la seconde reine, Mme Vaquerie se réveilla de bon matin ; le flot de l'Océan calme et doux touchait à peine le rivage ; sur la colline verdoyante se montrait le soleil. — Partons, dit-elle. Elle part, si légère, si heureuse ! — On l'attendait sur l'autre rive. — La barque était conduite par son jeune époux, qui l'aimait avec cette joie divine des saintes amours. Un vent favorable les poussait ; un vieux marin éprouvé par toutes les tempêtes et dans toutes les mers tenait, en se jouant, le gouvernail ; un enfant couronné de la veille, lauréat de dix ans, abaissait d'une main câline les vagues bondissantes. — Tous les bonheurs, cette barque les portait, et aussi toutes les espérances. — On arrive, on embrasse les amis de l'autre rive. — Ne partez pas, disaient ces bonnes gens aux jeunes gens ; restez avec nous, ou bien revenez par le chemin de terre, on vous rendra votre barque demain. — Rien n'y fit, la route était trop belle pour en prendre une autre. Les mêmes auspices présidèrent au retour ; la même obéissance dans les vagues, le même azur dans le ciel, et pour but la maison domestique, les baisers d'une mère, les joies de tantôt ! .... Un coup de vent a brisé toute cette joie, englouti tout ce bonheur, tué cette enfant ; et avec elle son mari a voulu mourir, et le vieillard qui tenait le gouvernail est mort avec eux, et aussi le tout jeune homme, et l'onde s'est refermée. — Ils sont tous restés dans le même abîme, la barque flottant au hasard, comme pour indiquer dans quel sable il fallait chercher tous les morts. — Tout au bord du jardin la vieille mère attendait — et aussi la mère de cette pauvre enfant dont, la veille encore, elle faisait le portrait à la lueur d'une lampe qui était une lampe funèbre ! Pauvres mères ! L'une éprouvée par toutes les infortunes, l'autre qui n'avait jamais pleuré que de joie ! Chacune d'elles, ce matin encore, était la mère heureuse de deux enfants ; chacune d'elles, à cette heure, ne tient plus qu'un cadavre ! »

Si jamais vous suivez à pied les rives de la Seine, entrez dans la petite église, et dites une prière pour les quatre victimes.

Mais aujourd'hui, que le bateau à vapeur nous emporte bien vite, et que les tristes idées s'envolent derrière nous avec sa fumée. Car si nous voulions donner à la fille du poëte toutes les larmes que nous avons dans les yeux et dans le cœur, notre voyage serait triste jusqu'à Rouen. Et nous avons encore tant de choses à voir !

Heureusement que le panorama de Caudebec s'offre à nos regards, pour nous ramener à des pensées plus riantes. Les merveilles de paysage prodiguées tout le long du cours de la Seine n'ont rien qui égale celles de Caudebec. C'est une végétation luxuriante, de grands arbres qui ombragent les maisons, et au-dessus desquels s'élève fièrement un bijou d'architecture, le clocher de l'église de Caudebec. Tout ce qu'il est possible d'inventer de mignon en fait de ciselures, de dentelures, l'architecte du XVe siècle l'a prodigué sur ce clocher d'une extraordinaire hardiesse.

Chose étrange ! C'est au milieu des luttes sanglantes et acharnées, des désastres et de la ruine qui accompagnent la guerre, que le moyen-âge trouvait le temps et les moyens d'édifier ces églises qui restent comme les plus remarquables monuments de son art mystique. Au temps où Caudebec bâtissait son église, c'était une place de guerre, et une place si forte, que le fameux Talbot ne put s'en emparer qu'au prix de six mois de siège, tranchée ouverte, et après avoir soutenu un rude combat contre les assiégés qui avaient tenté une sortie. La valeur des Caudebécais ne fut pas récompensée par le succès, et de 1419 à 1450, ils restèrent sous la domination anglaise. Plus tard, les guerres de religion laissèrent aussi à Caudebec des traces sanglantes. Dans le XVIII° siècle, elle cessa d'être une ville de guerre; mais sans devenir, malgré ses efforts, une ville industrielle. L'édit de Nantes, qui fit tant de mal à la France, avait tué son commerce; ses ouvriers, protestants en majeure partie, s'expatrièrent, et elle ne se releva pas de ce coup. Avant ce fatal événement, Caudebec devait avoir acquis une certaine renommée dans la fabrication de la chapellerie, si l'on en juge par le vers de Boileau.

Non loin de Caudebec, on remarque la chapelle de Barre-y-va, dédiée à la Vierge, comme celle de Notre-Dame-de-Grâce, et ornée comme elle d'*ex-voto*. N'y a-t-il pas plus de poésie et de piété dans cette offrande d'un matelot sauvé du naufrage par l'intercession de la Vierge, que dans les dépouilles opimes suspendues autrefois par les Romains aux temples de leurs dieux, prémices de triomphes sanglants qu'ils croyaient leur devoir ?

Le nom de Barre-y-va vient de ce que, dit-on, dans une marée extraordinaire, le phénomène dont nous avons parlé au commencement de ce chapitre, et dont les effets, habituellement, ne se font guère sentir plus loin que Villequier, s'étendit jusqu'au-dessus de Caudebec.

Avez-vous entendu parler de ces îles qui, dans les mers du Sud, apparaissent et disparaissent soudainement, vomies ou absorbées par le cratère d'un volcan ? Eh bien ! Un phénomène de ce genre s'est passé ici-même, en pleine Seine. Il y avait à l'endroit où passe aujourd'hui le bateau à vapeur qui porte nous et notre fortune, une île, l'île de Belcinac, qui fut engloutie en 1641. Si c'est un volcan qui l'a dévorée, puisse-t-il nous épargner, paisibles voyageurs que nous sommes, qui ne nous soucierions nullement d'aller, comme le baron de Munchhausen, faire visite aux ateliers de Vulcain.

L'île de Belcinac appartenait aux religieux de Saint-Wandrille, dont le couvent s'élevait à une petite lieue de Caudebec. Inutile de dire qu'il n'en reste plus guère de traces. Quatre églises dépendaient de ce couvent, fondé du temps de Clovis par Saint-Wandrille. Trois fois l'église principale, consacrée à Saint-Pierre, fut détruite par le feu.

Voici Saint-Nicolas et Bliquetuit, dont nous n'avons à nous occuper que pour tromper notre impatience d'arriver à La Mailleraye.

CHAPITRE V.

DE LA MAILLERAYE A DUCLAIR.

Il y a des villes qui sont illustrées par des siéges ou des batailles. Le château de La Mailleraye a mieux que cela. Il a été illustré par la bienfaisance et l'hospitalité. Nous vous avons parlé du château d'Orcher, et nous vous avons dit qu'il avait appartenu à la famille de Nagu. Le château de La Mailleraye appartenait, lui, à Mme de Mortemart, fille de Mme de Nagu. Et si ces deux sceptres étaient tombés en quenouille, personne ne songeait à s'en plaindre, car, à Orcher comme à La Mailleraye, il n'y avait de pauvres que le temps d'aller prévenir les châtelaines, et jamais en vain on ne venait frapper à leur porte pour demander des secours ou un asile.

Un souvenir plus ancien encore se rattache au château de La Mailleraye. C'est là, dit-on, qu'aux premières années, en ces années qui ne sont plus l'enfance et qui ne sont pas encore la jeunesse, une femme dont le nom plus tard eut tant de retentissement, et par ses splendeurs et par sa pénitence, une femme qui, sans être belle et quoique boiteuse, régna sur la France par le droit de l'amour, Mlle de La Vallière enfin, se livrait à ses premières pensées amoureuses.....qui n'étaient pas pour le grand Roi.

Si plus tard, au fond de son cloître, elle songea à ces jours écoulés, à cette délicieuse retraite, combien elle dut regretter ses premières impressions, maudire la cour, et pleurer sur le néant des choses humaines.

Il n'est rien qui fasse rêver comme l'aspect de La Mailleraye. Le grand parc, le château, si poétique par son irrégularité même. Hélas !

C'est bien rêver qu'il faut dire. Car les démolisseurs ont passé par là, et tout cela s'en va, branche par branche, pierre par pierre. Du château il ne reste pas même des ruines. On ne respecte plus rien..... excepté souvent ce qui n'a pas de titres au respect. Sommes-nous huit jours sans passer devant un site que nous aimions, au lieu d'admiration, nous ne pouvons plus donner que des regrets.

Guerbaville est un village situé à peu de distance au sud de La Mailleraye. On y a tenté quelques constructions de navires. Un peu plus loin Heurteauville, et sur la rive opposée, entre la Seine et la forêt du Trait, le village du même nom, puis Yainville, et nous arrivons à Jumièges.

Ici nous allons avoir à faire une ample moisson.

Le monastère immense de Jumièges, dont les vastes dépendances n'avaient pas moins de 15 kilomètres de périmètre, renfermait plus de 2,000 religieux. Fondé par Saint Philibert sous le règne de Clovis II, qui donna à l'abbé les terres nécessaires, le monastère fut pillé deux siècles plus tard par les Normands, et dix ans après, en 851, lors de l'établissement de Rollon en Normandie, détruit de fond en comble. Le fils de Rollon, Guillaume *Longue-Epée*, le reconstruisit, et il s'accrut successivement jusqu'en 1530.

La destinée de Jumièges semblait être d'ensevelir dans les profondeurs de ses cloîtres le dénouement de toutes les tragédies. C'est Tassillon, le duc de Bavière, qui se révolte contre le puissant Empereur des Francs, Charlemagne, et qui, écrasé après une résistance acharnée, vient cacher sous le froc son humiliation et sa haine. Ce sont, dans les premiers temps de la fondation du monastère, les fils du prince fondateur, les enfants de Clovis II et de la Reine Bathilde, qui viennent, disent les chroniques, y terminer leur vie dans la piété et le repentir; qui viennent plutôt, impuissants désormais à toute autre chose, y chercher l'oubli, et y traîner une existence misérable, maudissant peut-être celui qui les a punis si cruellement comme roi, qu'il n'a plus le droit de leur rien demander comme père.

C'est là une de ces anecdotes qui peignent d'un trait le moyen-âge. Voltaire a jugé énergiquement en quelques mots cette époque de barbarie. Il l'a calomniée, nous le voulons bien. Il n'a vu qu'un des côtés de la question. Mais ne tombent-ils pas précisément dans le même défaut, en sens contraire, ceux qui, s'attachant seulement aux chefs-d'œuvre produits par le moyen-âge, ne veulent pas faire attention à la révoltante rudesse, le terme est mitigé, de ses mœurs ?

N'est-ce pas à faire frémir, ce nom seul dont on désigne les fils de Clovis II ? *Les énervés* ? Que d'horreurs ce mot laisse entrevoir ! Les chroniqueurs, qui rapportent le fait, s'appesantissent sur les moindres détails, et, avec une naïveté qui pourrait presque passer pour du cynisme, ils ont l'air de vanter la clémence du monarque. Quelle clémence ! Vous allez en juger :

Pendant un voyage de Clovis II à Jérusalem, ses deux fils se révoltèrent contre la Reine Bathilde, à laquelle il avait laissé la régence. C'était assez la coutume de ce temps de guerres sacrilèges. Lorsque Clovis fut de retour, il voulut faire punir les rebelles. La Reine se chargea du choix du supplice, et elle voulut que le supplice fût complet sur la terre, afin qu'une expiation éternelle ne devînt pas nécessaire. Elle voulut aussi les punir par où ils avaient péché, et comme c'était leur force, dont les nerfs sont le siège, qui les avait encouragés à la révolte, elle décida qu'ils seraient énervés. Le mot fait comprendre en quoi consiste cet horrible supplice, dont nous vous épargnons les détails hideux que nous avons puisés dans les chroniques. D'après les indications que donne la science moderne, la scission des nerfs devait produire l'insensibilité complète des membres ainsi mutilés.

Que vous semble de la position des victimse? Que vous semble surtout de cette mère, ou plutôt de cette tigresse, qui, par pitié et par amour pour ses fils, ordonne froidement les apprêts d'un pareil supplice?

Dans l'église de Jumiéges reposaient le cœur et les entrailles d'Agnès Sorel, la Dame de Beauté, une de ces deux femmes qui illustrèrent de façon si différente le règne de Charles VII. Ce monarque était venu se reposer à Jumiéges des fatigues de la guerre que ses généraux avaient soutenue pour lui reconquérir son royaume. L'humble bergère à laquelle on devait le salut de la France était morte à Rouen, sur un bûcher, et Charles VII, le prince oublieux entre tous, ne s'en était guère soucié.

> Tranquille, il oubliait aux pieds d'une maîtresse
> La vierge qui mourait pour lui.

Mais quand cette maîtresse mourut à son tour, oh alors! le monarque indolent se réveilla de sa torpeur, pour lui faire célébrer de magnifiques funérailles, et tandis que les chanoines de Loches, enrichis par les dons de la Dame de Beauté, dont ils se montrèrent si reconnaissants par la suite (*), déposaient son corps dans leur abbaye, les moines de Jumièges élevaient, pour recevoir son cœur et ses entrailles, un splendide mausolée surmonté d'une statue de marbre blanc agenouillée.

Les malheurs de la France ne venaient pas, après tout, du fait de cette maîtresse. Plus d'une

(*) On sait que plus tard ils demandèrent à Louis XI la permission de faire disparaître la tombe d'Agnès Sorel, disant que la présence de cette courtisane souillait leur église. On connaît aussi la réponse du Roi : « Soit, je le veux bien, mais vous rendrez tout ce qu'elle vous a donné. »

fois elle tenta vainement d'arracher Charles VII à son inconcevable léthargie. S'il n'eût tenu qu'à elle, peut-être Jeanne-d'Arc eût-elle été sauvée, ou du moins sa mémoire vengée. Partout où elle passait, elle répandait les bienfaits autour d'elle. A ce titre on fit bien de ne pas marchander les honneurs à sa sépulture.

Le vent des révolutions a soufflé sur le tombeau des *énervés* et sur celui d'Agnès Sorel. Il a soufflé sur l'abbaye elle-même. De l'antique splendeur de Jumièges, il ne reste plus que quelques pierres, des tours encore debout mais chancelantes, et à chaque instant près de s'écrouler.

Mais ce sont ces ruines qui prêtent un charme magique au paysage. Le soir, quand la lune brille au-dessus des vieilles murailles, quand on entend siffler dans les arceaux la brise de la nuit, l'imagination reconstruit l'abbaye. On voit les moines errer dans les cloîtres, on voit tous les personnages qui tour à tour ont passé sous ces voûtes, se donner silencieusement la main, fantasmagorie de l'esprit, qui vit de souvenirs mieux que de réalités, ou plutôt créations fantastiques que l'on prend pour des souvenirs.

Nous ne pouvons nous dispenser de parler d'une cérémonie singulière, qui se célébrait il y a peu de temps, et qui se célèbre peut-être encore à Jumièges, à l'occasion de la fête de Saint-Jean-Baptiste : la *procession du Loup-Vert*. L'individu qui représente le Loup-Vert offre aux membres de la confrérie un repas de gala, composé de tous plats maigres. Puis on allume le feu de la Saint-Jean, autour duquel court le Loup-Vert désigné pour l'année suivante, poursuivi par tous les frères, et armé d'une baguette dont il les frappe à tour de bras. Lorsqu'il a été entouré et saisi trois fois, on retourne chez le Loup de l'année, manger un souper maigre, et le lendemain on promène en grande pompe un pain bénit monstrueux.

Cette bizarre cérémonie a été instituée, dit-on, en mémoire d'un miracle opéré par Sainte-Austreberthe, abbesse de Pavilly. Un jour que son âne avait été dévoré par un loup, elle mit le fardeau dont le baudet était chargé sur le dos de l'animal féroce, qui le porta sans broncher à destination.

Après Jumièges, nous passons devant les villages de Leudin; d'Yville; du Ménil, où était la villa d'Agnès Sorel, Ménilabelle; d'Anneville-sur-Seine, et nous arrivons au gros bourg de Duclair.

CHAPITRE VI.

DE DUCLAIR A ROUEN.

De Duclair à Rouen, notre pensée va marcher rapide, plus rapide que le bateau à vapeur qui nous emporte. Ici, nous commençons à éprouver de l'ennui. Pourquoi? Eh! mon Dieu, n'est-ce pas toujours le sort des derniers moments d'un voyage? Au départ, on est joyeux; la route s'étale si longue, si longue devant le pèlerin qu'il ne songe pas au terme. Si des joies l'attendent, il y rêve d'avance, et le rêve fait oublier la réalité. S'il va chercher des douleurs, il voudrait ne jamais arriver, il considère comme heureux tout le temps qui le sépare de son malheur.

Mais quand on sent approcher le but, on songe à ses affaires. L'imagination longtemps tendue n'a plus de forces pour examiner les beautés de la route, et, n'en déplaise aux poétiques rivages de la Seine, occupé de soins plus matériels, chacun court à ses bagages. Les dames rajustent leur coiffure un peu dérangée par la brise du fleuve, et font bouffer leur crinoline, aplatie sur les étroits pliants du bateau.

Donc à Duclair, — nous ne sommes plus qu'à quelques lieues de Rouen, et un mouvement commence à s'opérer sur le pont. Ce qui ne nous empêchera pas de contempler ce bourg, enchâssé dans des côtes, au milieu desquelles s'élève ce rocher bizarre que l'on a surnommé la *Chaire de Gargantua*.

Voici Berville, Hénouville et Ambourville, des villages plantés au milieu de vastes plaines pour rompre la monotonie de la culture.

Un peu plus loin que ce dernier village, la Seine coule encaissée entre deux forêts : à gauche la forêt de Mauny, à droite la forêt de Roumare. Sur la lisière de cette dernière, vous apercevez le village de Saint-Georges, autrement dit Saint-Martin-de-Boscherville.

Ce luxe, ce *dualisme* de noms fera-t-il passer à la postérité le village qui les porte ? Qui sait le mal que ce double nom pourra donner aux antiquaires dans quelques dizaines de siècles ? Et ne croyez que ce soit une hypothèse gratuite. On a déjà longuement discuté sur ce fait ; on a cherché des étymologies, et ce qu'il y a de mieux, c'est qu'on en a trouvé. Il est vrai qu'on trouve généralement tout ce qu'on cherche bien, surtout les étymologies, qui sont d'une complaisance sans pareille.

Cependant, le seul titre que possède à notre attention ce village, — dans l'embarras de choisir entre les deux noms nous préférons ne pas le nommer, — son seul titre, c'est qu'il a possédé une abbaye, bâtie en 1066 par des chanoines, grâce au concours et sous la direction d'un sire de Tancarville, chambellan de Guillaume. Ils avaient donc le temps de bâtir des églises, ces hauts et puissants seigneurs, l'année même où, à la suite de leur maître, ils s'en allaient changer leurs titres normands contre des titres anglais, et ajouter des terres anglaises à leurs terres normandes.

Guillaume-le-Conquérant fit de nombreux présents à l'abbaye. Il ne se doutait guère alors qu'un jour il y viendrait expirer, après s'être mortellement blessé à Mantes, au moment où il contemplait avec délices les résultats de sa terrible vengeance, brûlant une ville pour punir un mauvais jeu de mots d'un Roi.

Or, dans cette abbaye, un jour de l'an 1087, le 10 septembre, un homme ou plutôt ce qui avait été un homme, — un cadavre était étendu nu sur un lit. Cadavre de paysan et cadavre de monarque se ressemblent grandement : vous n'eussiez pas su dire ce que c'était, celui-là. Ce cadavre, c'était le Conquérant : pas une torche ne brûlait, pas une âme ne priait à son chevet : ses domestiques avaient volé son linceul ; ses fils étaient partis se disputer son héritage, et n'eût été un pauvre gentilhomme du nom d'Herbin, le Roi pourrissait sur sa paillasse ni plus ni moins qu'un chien mort au fond d'un bois désert. Ce fut Herbin qui fit transporter le Conquérant à Caen où, autre humiliation ! on lui contesta les quelques pieds de terre qui devaient être sa dernière demeure.

En face de Saint-Georges (ou Saint-Martin) de Boscherville, est Bardouville. Une légende, renouvelée de l'histoire ancienne, a illustré ce village. Un abbé du monastère voisin, amoureux de la dame de Bardouville, et payé de retour, renouvelait le tour de force de Léandre, et passait chaque jour à la nage la Seine, nouveau Bosphore, pour aller rendre visite à sa belle. Si le début de la chronique est le même, le dénouement est moins poétique, sinon moins terrible. Surpris en flagrant délit de *criminal conversation* avec la châtelaine, l'abbé fut tué par l'époux offensé..... on ne dit pas si ce fut *d'une balle de son fusil.*

Quevillon et Saint-Pierre-de-Manneville n'ont rien de remarquable ; Caumont, sur l'autre rive, est célèbre par ses carrières.

La Bouille est un village bâti sur la lisière de la forêt de la Londe. Autrefois, il y a bien longtemps de cela, nous n'aurions pu, sans nous recommander à tous les saints, passer devant cette forêt que signalaient de nombreux crimes. Mais avec la vapeur qui nous emporte, nous narguons bien les voleurs et les assassins, d'autant plus que, c'est un fait constant, il n'y a plus ni assassins ni voleurs dans notre siècle. N'est-ce pas votre avis? Oh! le duc Rollon pourrait bien aujourd'hui suspendre ses bracelets d'or à l'un des chênes de la forêt de Roumare. Nul, je vous jure, n'oserait y toucher.

Ne souriez pas, lecteurs, et venez plutôt voir auprès de La Bouille *la Vacherie*, une habitation champêtre, illustrée par les travaux de Mme du Bocage, un bas-bleu que vous ne connaissez guère, n'est-il pas vrai? Ni nous non plus. Voltaire, qui ne pouvait pas les sentir, a précisément sauvé celui-là de l'oubli. On se souvient de Mme du Bocage, tout simplement parce qu'elle a connu Voltaire.

Ce qui est plus curieux que la Vacherie, c'est le château de Robert-le-Diable. D'où lui vient ce nom? C'est ce qu'il serait bien difficile de dire. Qu'est-ce que Robert le-Diable? Difficulté non moins grande. Nous trouverons bien, sur ces gravures luxueusement et abondamment coloriées qui se vendent cinq centimes aux enfants, l'histoire de la naissance, des crimes, des aventures et de la pénitence de Robert-le-Diable, qui finit par épouser la fille de l'Empereur de Constantinople. Mais cela ne nous dit toujours pas ce qu'était ce Robert. Nous avons bien encore le chef-d'œuvre de Meyerbeer, qui ne nous en dit pas davantage. Faut-il admettre que le château dont nous nous occupons a été bâti par l'amant de Harlette, le père du Conquérant, lequel a porté en réalité le surnom de Robert-le-Diable ! *Grammatici certant.* Si vous le voulez bien, nous ne ferons pas comme eux, et nous continuerons notre route, après avoir jeté un coup-d'œil admirateur sur l'église de Moulineaux.

En face de La Bouille, nous passons devant Sahurs, Hautot et le Val-de-la-Haye, tandis que nous laissons sur le côté opposé Grand-Couronne et Petit-Couronne.

De tous ces endroits, le Val-de-la-Haye seul est remarquable, et c'est ici le lieu pour nous de tenir une promesse faite au commencement de ce livre, et que vous avez oubliée peut-être, lecteur.

En 1840, la frégate la *Belle-Poule* revint de

Sainte-Hélène, rapportant un précieux dépôt, les restes de celui pour qui on n'a pas trouvé de qualification plus expressive que de l'appeler l'HOMME ! C'est-à-dire l'homme par excellence, l'homme comme il n'y en avait jamais eu, comme peut-être il n'y en aura jamais. Vous savez aussi bien que nous avec quel enthousiasme fut accueilli sur la terre de France ce dépôt sacré. A Cherbourg il fut transbordé sur la *Normandie*, non pas cette Normandie qui fait aujourd'hui le voyage du Havre à Rouen, mais un autre steamer, qui alors était le pionnier de cette belle ligne maintenant régénérée, une *Normandie* dont le capitaine s'appelait Bambine, le vieux marin, le capitaine probe, loyal, brave entre tous nos marins si probes, si loyaux et si braves, le capitaine dont le nom devenu historique restera écrit dans les annales normandes, le capitaine qui était digne de veiller sur un pareil trésor. Certes si le grand Empereur, au lieu d'être couché mort dans son cercueil, se fût promené sur le pont de la *Normandie*, connaissant toutes les belles actions dont fourmille la vie du capitaine Bambine, lui qui savait si bien juger les hommes de cœur, il lui aurait tendu la main, et aurait voulu lui-même attacher sur cette noble poitrine l'étoile que tous nous sommes heureux d'y voir briller.

La *Normandie*, portant les restes de l'Empereur, remonta la Seine jusqu'au Val-de-la-Haye, où elle s'arrêta le 9 décembre. Un monument élevé sur la plage rappelle cette station, à la suite de laquelle le grand homme fut emporté par le bateau à vapeur la *Dorade*, pour aller dormir sous le dôme des Invalides, à l'ombre des gloires de Louis XIV et des siennes, auxquelles sont venues s'ajouter les gloires de l'Algérie et de la Crimée.

Saluons en passant Canteleu et la vallée magnifique de Déville, le Grand et le Petit-Quevilly, et arrivons au terme de notre voyage, la vieille capitale de la Normandie, si impatiemment désirée.

CHAPITRE VII.

ROUEN.

Ici devrait se terminer notre tâche. Les rives de la Seine, avons-nous dit, les rives de la Seine du Havre à Rouen. Et, comme nos lecteurs, nous avons parcouru notre route, nos 35 lieues environ. Tout cela d'une haleine. Nous avons bien droit au repos.

Donc, cher lecteur, séparons-nous. Allez à vos affaires. Pour nous qui, en venant ici, n'avons eu d'autre but que de causer quelques instants avec vous, nous allons avant de reprendre notre route, et de chercher pour le retour d'agréables compagnons comme ceux que nous quittons, nous allons errer quelques instants dans les rues de la vieille ville. Si le mal de mer et la fatigue ne vous ont pas trop brisés, libre à vous de nous suivre.

Nous n'avons certes pas la prétention de vous faire l'historique de Rouen ; encore moins de vous initier à toutes les merveilles que renferme cette grande cité. Pour cela, il faudrait des volumes, et nous ne pouvons pas même disposer de quelques lignes. Si plus tard, l'année prochaine peut-être, nous reprenons ensemble cette course que nous venons d'accomplir, alors, moins pressés par le temps, nous tâcherons de consacrer une longue station à l'ancienne ville des Vélocasses, qui, pour ne pas déchoir, est devenue tour à tour la capitale de la Seconde-Lyonnaise, celle de la Normandie, et, quand il n'y a plus eu de Normandie ni de capitales de provinces, le chef-lieu du département de la Seine-Inférieure.

La physionomie de Rouen, avec ses nombreuses rues encore étroites, ses vieilles maisons gothiques, est excessivement curieuse, ce qui n'empêche pas les quartiers nouveaux d'être aussi splendides que possible. De plus, tout cela est animé, l'animation du commerce et de l'industrie; car Rouen est et tend à devenir chaque jour de plus en plus une ville magnifiquement commerçante, tout en restant un de nos grands centres manufacturiers.

C'est après tout la plus belle gloire; car celle-là répare les maux que l'autre cause, et dont Rouen a eu sa part. Aujourd'hui que les orages de la guerre ne grondent plus, Rouen n'a à redouter que les orages du ciel, et ils ne lui font pas faute. Par sa position inférieure, topographiquement parlant, autrement dit par son enfoncement entre plusieurs montagnes, cette ville est devenue le récipient de toutes les pluies de la Normandie. Le terme populaire, dont nous ne blesserons pas vos oreilles, est beaucoup plus énergique.

Les sept grandes églises de Rouen, et en particulier la métropole de Notre-Dame, chefs-d'œuvre de l'art du moyen-âge, doivent avant tout attirer les regards du touriste. Le Palais-de-Justice, l'Hôtel-de-Ville et la Tour de la

Grosse-Horloge qui y est jointe, viendront après. Les Musées, la Bibliothèque, les Théâtres sont dignes d'une grande cité.

Dans cette nomenclature rapide, nous ne saurions comprendre tout ce que Rouen offre de curiosités. C'est à vous, lecteurs, de chercher un pilote intelligent qui puisse vous diriger dans la navigation d'une ville immense, plus difficile que la navigation de la Seine.

Mais nous ne voulons pas quitter Rouen sans vous prouver que la vieille cité a fourni son contingent à toutes les gloires nationales. C'est le père Daniel, c'est Géricault, le grand et malheureux peintre du naufrage de la *Méduse*, c'est la Champmeslé, l'actrice bien aimée du tendre Racine, et, s'il faut en croire la chronique du temps, aimée autrement que comme artiste ; c'est Armand Carrel ; c'est Boïeldieu ; ce sont des phalanges d'homme d'élite. Ce sont enfin... vous craigniez déjà que nous ne les eussions oubliés. Rassurez-vous. Ce sont les deux Corneille ! Et quand un nom comme celui-là a été prononcé, tout est dit.

Il y a bien encore Fontenelle qui, à son talent de poète, sut joindre le talent non moins estimable de vivre jusqu'à cent ans : c'est la limite d'âge que nous souhaitons sincèrement à vous, chers lecteurs, et au petit livre qui vous a tenu fidèle compagnie, et qui, s'il n'a pas réussi à vous distraire, est plus malheureux que coupable. Seulement, la durée de son existence dépend un peu de vous, et il n'a guère d'influence sur la durée de la vôtre. Il ne saurait même vous recommander le secret de Fontenelle. Car de l'art et de la poésie, ce que nous trouvons précisément de plus beau et de plus doux, ce sont les émotions qu'ils procurent.

ÉPILOGUE.

Aux deux extrémités de la route que nous venons de parcourir, Rouen et le Havre, deux grandes et intelligentes cités, riches toutes les deux d'avenir, l'une née d'hier, qui n'a pas encore usé ses forces et peut les consacrer tout entières aux grandes luttes pacifiques de l'industrie, l'autre qui, malgré les labeurs de son passé, a conservé toute l'énergie de la jeunesse, Rouen et le Havre, se disputent la palme du commerce.

Querelles non sanglantes, noble émulation, tant qu'elle reste circonscrite dans ses véritables limites, et ne dégénère pas en hostilité de clocher à clocher !

Non ! Rouen et le Havre n'ont pas des intérêts opposés.

La Seine n'est pas pour Paris ce qu'est pour Londres la Tamise. Nous ne pouvons pas avoir un Londres ; mais la France aura son Liverpool. Qu'importe maintenant où se trouvera ce port. Ce ne sera pas Paris, ce ne sera pas Rouen, ce ne sera pas le Havre, ce sera

Paris — Rouen — le Havre, cette capitale immense dont la Seine et le chemin de fer sont les deux grandes artères.

Et si Rouen, méconnaissant les avantages du Havre, voulait lui disputer son port; si le Havre, fier de sa situation, s'imaginait qu'il peut marcher sans le concours de Rouen, nous leur dirions :

Grandes cités, la nature ne vous a pas faites pour être deux rivales; tendez-vous la main comme deux sœurs. Employez au développement de la prospérité commune toutes les forces dont vous useriez sans fruit une partie à lutter entre vous, et songez qu'au-dessus des intérêts d'une ville, il y a les intérêts du pays.

Nous dirions cela au Havre et à Rouen, si notre petit livre n'était de trop peu de poids pour peser dans la balance de la destinée des villes. Mais nous devons nous borner à remplir les promesses de notre titre. Pour aujourd'hui, nous nous contenterons d'être L'AMI DU VOYAGEUR.

www.ingramcontent.com/pod-product-compliance
Ingram Content Group UK Ltd.
Pitfield, Milton Keynes, MK11 3LW, UK
UKHW020355230726
13925UKWH00003B/1136

9 782013 668415